Guidelines for
A Smarter Brain in Your Child

儿童大脑开窍指南

科学提升孩子的智力、语言、情绪、运动与创意能力

爱贝睿家长教练团 著

王薇 主编

電子工業出版社
Publishing House of Electronics Industry
北京·BEIJING

内容简介

如何才能让孩子更聪明、快乐与健康？儿童脑科学公司爱贝睿邀请众多毕业于世界一流名校的脑与认知科学家、发展心理学家与儿童教育专家，组建了爱贝睿家长教练团，科学、系统与高效地帮助各位爸爸妈妈科学养育孩子。如今，已累计举办近百期讲座。这些专家来自哈佛、耶鲁、约克、杜克、剑桥、牛津、清华、北大，他们既有专业高度，又能将艰涩难懂的科学知识娓娓道来，聚焦家长关注的问题，进行系统讲解。现在，爱贝睿精选其中最受家长欢迎的十期讲座汇编成书。

未来社会更关注人的哪些能力？理性思维可以从小培养吗？如何提升孩子的语言表达能力？父母如何助力孩子的社交发展？运动和大脑聪明有什么关系？如何陪伴孩子开展STEM活动，增强创造力？本书从智力脑、语言脑、情绪脑、运动脑、创意脑五个方面，提供全方位科学养育孩子的前沿知识和实践经验。各位爸爸妈妈可以通过书中的理念和方法，了解如何通过针对性的培养和引导来促进大脑发育和相应能力的提升，从而使得孩子发展得更加全面和均衡。

图书在版编目（CIP）数据

儿童大脑开窍指南：科学提升孩子的智力、语言、情绪、运动与创意能力 / 爱贝睿家长教练团著；王薇主编 .—北京：电子工业出版社，2020.4

ISBN 978-7-121-38447-9

Ⅰ . ①儿… Ⅱ . ①爱… ②王… Ⅲ . ①儿童－智力开发 Ⅳ . ① G610

中国版本图书馆 CIP 数据核字（2020）第 024223 号

策划编辑：张　冉（zhangran@phei.com.cn）
责任编辑：张　冉　　特约编辑：施易含
印　　刷：北京天宇星印刷厂
装　　订：北京天宇星印刷厂
出版发行：电子工业出版社
　　　　　北京市海淀区万寿路 173 信箱　邮编　100036
开　　本：880×1230　1/32　印张：9.125　字数：200 千字
版　　次：2020 年 4 月第 1 版
印　　次：2020 年 4 月第 1 次印刷
定　　价：53.00 元

凡所购买电子工业出版社图书有缺损问题，请向购买书店调换。若书店售缺，请与本社发行部联系，联系及邮购电话：（010）88254888，88258888。

质量投诉请发邮件至zlts@phei.com.cn，盗版侵权举报请发邮件至dbqq@phei.com.cn。

本书咨询联系方式：（010）88254210，influence@phei.com.cn，微信：yingxianglibook

目录

Contents

第3章 | 语言脑
小对话，大学问：如何培养孩子的语言能力

第4章 | 语言脑
让语言流淌：儿童的词汇量是怎样炼成的

第 5 章 | 情绪脑

搭建孩子的社会能力，离不开父母的“脚手架”

第 6 章 | 情绪脑

孩子一发脾气你就没招?

第 7 章 | 运动脑

你的孩子活动量够了吗？

第 8 章 | 运动脑

动手改变大脑，揭秘孩子指尖上的智慧

第 9 章 | 创意脑

小小探索家：从小建立 STEM 思维方法

第 10 章 | 创意脑

培养创造力，从孩子的生活出发

序

Preface

聪明养育，从脑开始

家长为什么要重视脑与认知科学？举个例子。很多爸爸妈妈不知道，长大后，为什么有的孩子思维敏捷，有的孩子反应迟钝？这是与认知科学的“工作记忆”指标相关的。那么，什么是“工作记忆”呢？你可以将人类大脑想象为一个简化的输入输出装置。制约这个装置输入输出速率的是工作记忆。它是人类绝大多数能力的瓶颈。那些思维敏捷的孩子，往往在工作记忆广度上好于反应迟钝的孩子。

那么，我们在儿童大脑发育早期，能否提高工作记忆呢？当然可以。书中不少老师提及的提高孩子大脑能力的方法，其实都与提高“工作记忆”有关。

再举一个例子，为什么有的孩子善于抵制诱惑，没那么容易分心，有的孩子延迟满足能力较差，很容易走神？这与认知科学的“执行功能”指标相关。什么是“执行功能”呢？它是指大脑对自己的意识与行为进行监督与控制的各项操作过程。同样，我们可以在儿童大脑发育早期，通过各项方法来提高儿童的“执行功能”。与不少爸妈猜的不一样，其实，运动就是提高孩子“执行功能”的最佳方法。具体方法可以参考张斌博士在第7章中介绍的亲子小游戏。

如果每个爸爸妈妈在儿童发展早期能多掌握一些靠谱的脑科学与儿童心理学知识，那么，孩子的未来就会好上一点点。这正是我们四年前创办儿童教育机构——爱贝睿的初衷。在脑与认知科学、儿童心理学蓬勃发展的当下，越来越多的家庭可以接触到关于养育的科普知识，也关注了相当多的早教机构、育儿大V，期许可以学习到对孩子有用的养育方法。然而，大家平时看到的育儿资料里，仍存在着诸如“右脑开发”“全脑开发”这类已被证实无效的早教取向，真正值得拿来指导养育实践的脑科学研究成果，却难以触达广大的家长群体。

事实上，孩子在学前的六年，是培养大脑能力的最佳时期。在孩子出生后的头三年，大脑中的神经元快速地建立联结，此时，我们给孩子什么样的环境刺激，将大大地影响孩子的大脑能力发育。三年后，孩子的大脑又将经济地整理神经元联结，把有限的大脑资源用在最重要的发展任务上，因此采取适合孩子大脑发展水平和接受方式的方法，培养孩子的大脑底层能力很重要。

爱贝睿团队在成千上万篇科学文献研究基础上，将孩子大脑的底层能力分为五个大的方面：智力脑、语言脑、情绪脑、运动脑和创意脑，并开发了相应的评估体系、课程体系与玩具体系。这五大方面科学、系统地总结了孩子成长过程中重要的底层能力，也可以为相应的养育实践提供指导。

幸运的是，从爱贝睿诞生伊始，就得到了众多毕业于世界一流名校的脑与认知科学家、发展心理学家与儿童教育专家的支持，组建了一个豪华的爱贝睿家长教练团。他们来自哈佛、耶鲁、约克、杜克、剑桥、牛津、清华、北大等名校，多数拥有博士学位，且多数为人父母，既有专业高度，又有育儿实战经验。在过去四年中，爱贝睿的一个广受家长欢迎的保留节目就是爱贝睿家长教练团的系列讲座。爱贝睿家长教练团的各位老师们已经累积举办近百期讲座，现在，我们精选其中最受家长欢迎的十期讲座，汇编成书《儿童大脑开窍指南：科学提升孩子的智力、语言、情绪、运动与创意能力》。

——孩子怎么连简单的算术都学不会？如何提高他的思维能力？为什么孩子的表达能力不够好？孩子和别人家小孩起了争执，该怎么办？孩子怎么总是发脾气？有必要让孩子多运动吗？怎样让孩子拥有独特的创造力？……

这些父母的养育痛点问题，均可在书中找到答案。全书为大家讲述五脑体系中孩子早期发展的十个重点话题：理性思维、数学能力、语言发展、词汇量、社会能力、情绪能力、活动量、精细动作、前沿的STEM教育及创造力的培养。每章内容除了理论知识与养育方法的讲解，还包含了爱贝睿社群中的爸爸妈妈向专家们的提问，以及专家们的解答，你可以从中发现，其他爸爸妈妈常常和你有同样的困惑，而专家的答案可以帮助你了解孩子大脑的发展水平或他们内心的想法，进而用更科学有效的方法，解决你的养育难题。

本书书名《儿童大脑开窍指南》是致敬脑科学家桑德拉·阿莫特（Sandra Aamodt）与王声宏（Sam Wang）的科普专著《儿童大脑开窍手册》。此书经爱贝睿团队在国内多次推荐后，目前已经暂时绝版。《儿童大脑开窍手册》对如何让孩子变聪明有翔实的指导介绍，可惜有些内容不适合中国家长；同时原书成书于2011年，部分研究已经过时。因此，爱贝睿自2016年以来，先后出版《养育的选择》《聪明养育》《自主教养》《给孩子的未来脑计划》《天才赢在注意力》等书，希望站在前人的肩膀上，给中国家长更加本土化、更加实用的科学养育手册。

在本书出版过程中，我们首先需要感谢的是成千上万关注爱贝睿的各位爸爸妈妈（微信公众号ID：爱贝睿）；其次，我们要感谢各位专家老师对爱贝睿的鼎力支持，不吝时间，将自己最擅长的内容，深入浅出地传播给众多家长；最后，我们要感谢大力支持本书问世的电子工业出版社的张冉编辑。为了感谢各位读者的支持，我们也准备了本书小福利《儿童大脑开窍指南》一书配套学习卡，可以免费收听本书十期有声版课程，欢迎扫码联系爱贝睿客服小爱领取。

如果本书能够帮各位爸爸妈妈就养育孩子的问题答疑解惑，那将是我们最大的荣幸。在我们共享脑科学为养育实践带来成果的同时，科学研究依然在不断发展进步，我们的养育方法也永远有改善的空间。如您在阅读过程中发现疏漏和不足，希望广大读者及时告诉我们，以便我们不断修订和完善。谢谢！

王薇，爱贝睿联合创始人兼 CEO

2020 年 1 月于北京海淀

作者简介

Author

爱贝睿家长教练团简介

爱贝睿是由脑与认知科学家、发展心理学家和儿童教育专家联合发起的一家儿童教育机构，致力于为 0 ~ 6 岁家庭提供科学循证导向的儿童早期教育产品与服务。爱贝睿邀请了近百位来自全球知名高校的老师，组成“爱贝睿家长教练团”，为百万家庭普及科学育儿的知识与实践方法。

爱贝睿家长教练团已出版图书《聪明养育：如何像科学家一样养孩子》，并先后开展了近百场公开课讲座，架起了科学研究与养育实践的桥梁。本书精选 10 位爱贝睿家长教练的优质内容，从智力脑、语言脑、情绪脑、运动脑、创意脑五个方面，为你讲解如何科学提升孩子在这些方面的底层能力，帮助孩子的大脑越发“开窍”。

著者简介

以下，依据章节排序介绍各章作者。

智力脑

黄扬名：英国约克大学认知心理学博士，中国台湾辅仁大学心理系副教授，著有《天才赢在注意力》。家有男宝两枚，在本书中负责第1章。

> 孩子能够越早搞清楚自己行为和反馈之间的关联性，就能越早建立起理性思考的能力。

赖颖慧：北京师范大学心理学博士，研究儿童数学认知已有10年，目前任教于首都体育学院。家有2岁男宝，在本书中负责第2章。

> 我们应该用更顺应孩子大脑本能的方式教他们学数学，这种本能就是数感。

语言脑

王贞琳：中国科学院心理研究所博士，美国宾夕法尼亚大学教育研究学院博士，任教于中国香港教育大学心理学系。家有男宝一枚，在本书中负责第3章。

> 孩子小时候的大脑对语言更加敏感，他们在自然的条件下通过人际交往获得语言会更加省力。

陆怡如：北京大学语言学博士，爱贝睿家长教练。4岁女宝的妈妈，在本书中负责第4章。

> 研究发现，大脑中有一套专属的语言系统在控制着语言的发展，这个系统的机能成熟度与外界刺激密不可分。

情绪脑

刘建鸿：华东师范大学发展与教育心理学博士，译有多部教育心理学图书，致力于积极教养的普及和推广。家有男宝一枚，在本书中负责第5章。

> “脚手架”能改变家长支持的水平，以符合孩子的大脑认知潜力。

李晶：浙江大学心理学硕士，爱贝睿家长教练。两个男宝妈妈，在本书中负责第6章。

> 人类的大脑有两个系统，一个是情绪脑，一个是理智脑。理智脑是情绪的管理员，到成年后才能彻底发育成熟。

运动脑

张斌：南开大学心理学博士，任教于上海体育学院运动科学学院，译有《超越智商》。二宝妈妈，在本书中负责第7章。

> 运动不但不会影响学业，而且会让头脑更“聪明”，为更好的学业表现打基础。

张萌：北京师范大学儿童认知心理学硕士，曾是儿童教育体系研发专家，现为爱贝睿教研经理。在本书中负责第8章。

> 手指是帮助大脑可视化的工具，多动手就是多动脑。

创意脑

胡馨允：香港大学教育学博士，任教于香港大学幼儿教育学系，二宝妈妈，在本书中负责第9章。

> 让孩子拥有STEM素养，在未来更有竞争力。

赵昱鲲：清华积极心理学研究中心办公室主任，清华大学心理学博士。二宝爸爸，在本书中负责第10章。

> 大脑不止有“诗和远方”，科学培养创造力，从孩子的生活出发。

主编简介

王薇：中国人民大学管理学学士，中国科学院心理研究所应用心理学硕士，现任爱贝睿 CEO。王薇女士曾联合创办国内首家教育与心理测量公司安人公司，并担任CEO逾十年，曾服务数千教育机构、数百省市教委、数百军队及医院。之后联合创办儿童教育机构爱贝睿，致力于推动以脑与认知科学为基础的儿童早期教育课程体系。联系 E-mail: wangwei@anrenmind.com

Chapter 1

第 1 章

智力脑

思维能力比智商更重要，从小教孩子理性地思考

我们都希望孩子可以赢在起跑点，有些人选择让孩子上双语学校，有些人选择让孩子上奥数等各式各样的学习班。今天我要跟大家说一个更根本的要素，也是更有机会让孩子赢在起跑点的能力，就是理性思维。

1 理性思维能力的重要性

在进一步展开前，我想先让大家体会一下理性思维能力的重要性。

球和球拍的总价是 1.1 美元，已知球拍比球贵 1 美元。请问球的价格是多少？如果你脱口而出的答案是 0.1 美元。恭喜你，答错了！

研究者发现，即使是就读于麻省理工学院、哈佛大学等顶尖学府的学生，也会答错。你多想一下，如果球是0.1美元，那么球拍又比球贵1美元，光是球拍就要1.1 美元了，所以球的价格一定要比0.1美元低。如果你还没有想到，让我告诉你正确答案：球是0.05美元，球拍是1.05美元。

不要以为我们生活中没有这么狡猾的情境，想想自己在“双十一”的时候，是不是看到大幅度降价的信息，就立马下单了呢？结果发现，其实活动价并没有便宜很多。或者，你是不是为了凑够免运费金额而多买了一些自己不需要的东西，而且你根本没想过运费到底要多少钱。

一个理性的消费者就能为自己省下不少钱。但理性思维不仅对消费重要，对我们生活中的每个方面都很重要。

你有没有遇到过这样的状况，需要去某个地方办事，你觉得只需要20分钟就可以到达目的地，所以只提前了半个小时出门，但你忘记现在是交通出行高峰期，很可能遇到堵车的情况，然后到了目的地，又因为第一次去找不到具体的门牌，结果晚了半个小时，耽误了事情。你觉得这只是倒霉？

不，这其实是你没有考虑到各种可能出现的情况，盲目乐观，没有理性思维。

除了对成年人，理性思维对孩子来说也很重要，例如孩子常常只看到眼前的好处，而没有考虑到长远的好处，结果就吃亏了。就像我们要去旅游的时候，都会让大宝二宝准备一些小点心，二宝常常拿到糖果就开始吃，但是哥哥就知道不要马上吃完，否则到时候就没东西吃了。二宝一开始没察觉这件事情的后果，但在经历几次只能看着哥哥吃糖果的经验之后，就知道自己不能一开始就吃完点心了。

2 理性思维能力可以从小培养

随着年龄和认知能力的发展，孩子的理性思维能力会越来越好，但也不是每个孩子长大了，就一定会拥有理性思维的能力。不过，只要越早开始帮孩子打基础，对孩子来说就是越好的。你可能会问，这么早开始训练孩子的理性思维有意义吗？孩子是不是真的能明白？

其实认知科学家早已发现，就算很小的孩子也能够考虑各种可能性，区分可能的事和现实，通过观察来推断事物间的因果关系（虽然不一定正确）。

发展心理学家艾莉森·高普尼克说过："他们知道一件事情如何导致另一件事情发生。这是发展心理学近期最重要、最具革命意义的新发现之一。"

有许多非常有意思的研究可以证明这一点，比如孩子看到成人用跳跃或者滑行的方式操作一只玩具小老鼠，如果成人最终将小老鼠放到一个玩具屋里，孩子模仿时，会忽视操作的过程，也就是不做跳跃或者滑行，而是直接将小老鼠放到玩具屋里；如果没有玩具屋，孩子模仿时，就会模仿成人跳跃或者滑行小老鼠的动作。

这意味着什么呢？ 18 个月的宝宝会根据不同的情景理解操作者的目标，然后选择性地模仿成人的行为。所以，从小训练理性思维，不是在做无用功，是有意义的。

3 四步培养孩子的理性思维能力

接下来，就让我带大家去思考要如何培养孩子的理性思维能力。

步骤一：帮助孩子理解事物之间的联系

理性思维第一要素，就是要知道事物之间是有关系的。首先，你可以做的是帮助孩子学习什么是规律。

一提到规律学习，你可能想，是不是要孩子去背诵复杂的规则，比如去学数学啊？不是的，其实目标是要让孩子知道，只要按照固定的规律，就可以达到目标，某个行为会导致怎样的反馈。

孩子最擅长观察学习，所以若要让他们知道事物之间是有关系的，最好的方式就是作示范。我们可以从生活中的环节做起，例如我们要孩子收拾好一个玩具，才能够玩另一个玩具，这就是一种规律的学习。孩子太小或是一开始不熟悉的时候，会耍赖。爸爸妈妈可以稍微妥协，例如可以跟孩子说："这次妈妈跟你一起收。"然后带着孩子一起收，但是千万不要自己很快收完，而要让孩子也亲自动手。最后，一定要等到玩具收完之后，才让孩子玩另一个玩具。

保持一致的规律是很重要的，这样孩子才知道自己的行为和反馈之间的关联性，当孩子能够越早搞清楚这样的关系，他们就能够越早建立起理性思维能力。

我们也可以通过玩游戏的方式来训练孩子的规律学习。比如，准备两个不同颜色的盒子，把孩子想要的东西固定放进其中一个颜色的盒子中。我们同时把两个盒子放在孩子前面，请孩子找到哪个盒子里面有他喜欢的东西。一开始孩子可能没什么头绪，这也没关系，重要的是我们要维持一个固定的规则，然后观察孩子是否在几次练习后，会直接去找那个特定颜色的盒子。

很多爸爸妈妈会跟孩子培养一些小默契，道理也是一样的。每次我家二宝说："我最喜欢爸爸。"我就会给他一个大大的微笑，二宝就会把“说喜欢爸爸”这个行为和“爸爸对我微笑”这个反馈关联在一起。所以，二宝看到我面露愁容的时候，会主动跑过来说：“爸爸我最喜欢你了。”

这时候，我会感到双重的开心，第一重是因为孩子知道共情，第二重是孩子学到了这个规律性。

好玩的是，有一次大宝不小心踩到我的脚，我叫了一声，然后大宝就说：“抱歉。”出乎我的意料，二宝居然跑过来说了抱歉，然后直接向我的脚踩下去。

我开始有点蒙，后来才意识到，二宝是把“踩爸爸一脚”这个行为和“跟爸爸说对不起”这两件事情联系在了一起。我当时真是哭笑不得，一方面庆幸这小孩逻辑能力很好，另一方面是觉得脚真的很疼啊。

通过第一步来帮助孩子理解事物之间的关系，学习规律，在训练孩子独立思维能力方面是相当重要的。因为知道事情的规律性，有助于孩子去思考，从而有效率地找出答案。

步骤二：判断能力的培养

接下来，我们要谈谈怎么协助孩子理解行为可能导致怎样的结果，从而学会怎么做选择。

要协助孩子做选择，我们需要掌握几个原则：第一个是要协助孩子把选择的结果尽可能具体化罗列出来；第二个是要协助孩子为自己的选择负责。

先来谈谈第一件事情，让孩子具象地看到选择的结果。

很多妈妈会提到，因为孩子常常缠着自己，没有办法做家务，你可能会跟孩子说："宝宝你等一下，我做完这个再陪你玩，好不好？"可是孩子希望的是，你立刻、马上陪他玩。我们家的情况也是这样的，我知道他们没法拒绝立刻去玩这件事情，所以，我会用另外两个需要等待的选项，让孩子做选择。一个选择是如果你接下来半小时都能够自己玩，不打扰爸爸，那么爸爸就可以陪你玩半小时；另一个选择是如果你接下来一个小时都能够自己玩，不打扰爸爸，那么爸爸就可以陪你玩一个小时。

如果孩子还不能理解10分钟、半个小时这些概念，你可以用具象化的方式，例如用积木来代表时间，让孩子知道，两个选择分别有什么代价以及好处。

在引导孩子做选择的时候，还有一件很重要的事情，就是我们要练习让孩子为自己的选择来负责。

爸爸妈妈在孩子做决定前一定要再三确认孩子明白了自己的选择，不可以反悔。有一次，二宝吵着要看视频，我就说如果你现在要看，那么你明天一整天都不能再看视频，他就答应了。第二天，他刚开始吵着要看视频，我就说："你昨天跟我约定的，那么要遵守约定。"这一天，我们一家人都配合着不看视频，尽量不引诱二宝，后来他真的整天都没有看视频。

所以，很多时候，不是孩子不能，而是爸爸妈妈心软，看孩子哭了、难受了，就妥协了。只要这些选择的代价不会带来严重的伤害或是危急孩子的安全，那么我们都该让孩子练习承担后果，而不是一直帮他们收拾残局。

只有这样，孩子才会理解自己的选择带来了不同的结果，而这些结果是需要他自己承担的。他会在之后需要做选择的时候更加谨慎、更有策略。

步骤三：弹性思维能力的培养

除了训练规律之外，我们也要让孩子懂得弹性思维。所谓弹性思维，就是不要被既有的框架所限制。举例来说，孩子一般会觉得玩具就只能照某一个特定的玩法去玩，或是只有特定的一条毛巾可以擦桌子，其他的都不可以擦桌子。

虽然事物通常都有一个主要的功能，我们很容易受到一个方面的影响。我们的家庭和学校教育也常常这样，“你这样做才是对的”，尤其是小朋友写作业时，老师和家长会很快告诉他正确答案。这样容易让孩子受限在固定的框架中，一旦找到了答案，就不愿意再往前走了。

但更多的时候，事物都是多方面的，虽然常用的确实是某个单一功能，但是这并不表示我们不能开发别的用途。

培养孩子的弹性思维，就要多带孩子去体验事物的不同方面，特别是鼓励孩子用多样的感官去探索，从不同的方面去观察、使用一个物品。

推荐一个我们常玩的游戏，我把它叫作支援前线。

你可以事先准备一些不同的素材，例如水果、玩具、日用品等，一个人当前线的士兵，另一个人当后勤兵。然后，前线的人要提出需求，例如要找三个摸起来软软的东西或是两个闻起来香香的东西，而后勤兵要尽快满足需求。

在跟孩子玩的时候，可以给不同的指令。如果你的孩子还不能理解规则，可以简化游戏，比如给孩子一堆东西，请孩子从中找出软软的东西，找到一个以后，还可以追问，是不是还有别的软软的东西呢。

除此以外，父母也要身体力行，具体引导孩子这么做。我是个喜欢搞怪的人，所以常会帮日常用品开发非典型的功能。像是孩子们都爱玩的乐高积木，除了可以拿来玩之外，也可以有实际的用途。

例如，可以在墙上贴上一大块的乐高板，可以用积木拼出数字、文字，当作看板。如果在钥匙圈上套上一个乐高，那么这个看板还可以拿来挂钥匙。或是把广告宣传单当作拼贴画的素材，平时多收集一些不同颜色、材质的广告宣传单，用来带孩子做出有意思的拼贴画。

这样不仅是一种艺术创造，也会让孩子知道，生活中的各种素材，都有不同的用法，画画也可以不用颜料和画笔。

再比如，如果孩子喜欢圣诞树，除了给孩子买一棵装饰圣诞树，你还可以做些什么呢？你可以用蔬菜水果来搭建，也可以用积木或者乐高来搭建，还可以用彩色剪纸粘贴出来。我有个朋友，因为喜欢做木工，索性找了很多长短不一的木条，中间都打个洞，叠在一起就变成一棵“树”了，圣诞节的时候展开来，加上一些装饰，也就是圣诞树了。

弹性思维，对于问题解决是非常重要的，因为如果我们不能够弹性思维，解决问题的能力会受到局限，就无法找出答案了。

国外的很多家庭喜欢带孩子去露营，除了让孩子体验大自然，更重要的学习，其实就是如何在有限制的环境下，去过日常的生活。因为出去露营毕竟不能把所有的东西都戴上，但我们每天还是要正常吃饭、喝水，学习就地取材就是很重要的能力。

这样的训练对孩子来说是很有帮助的，因为要让他知道看待同一个事物的时候，可以有很多不同的方式。同时，也会提升孩子的创造力，因为很多有创意的东西，就是从平凡物品中找出另类的用途！

步骤四：解决问题能力的培养

解决问题是理性思维中最高阶的一种能力。解决问题的能力就是我们说的达成目标的能力。

你可能会问，两岁多的孩子可以吗？其实可以！你想想看，你的孩子想要吃糖但不会打开包装的时候，是不是会找你帮忙？这虽然不是自己找到的解决办法，但也是一种解决问题的方式。当然，我们更希望能够培养孩子自己想出解决问题的方法。

万事开头难，所以要训练孩子解决问题，我们就要协助他们做一些规划。有两种做法，两种都很简单。

第一种做法是示范怎么做，鼓励孩子举一反三。其实孩子都在观察大人在做什么，若能够把我们思考的过程讲出来跟孩子分享，那么对孩子来说也是相当有帮助的。

讲个有趣的例子，几年前，在台湾移动支付还不盛行的时候，大宝常看我们拿着悠游卡去消费，悠游卡是一种交通充值卡，也可以在便利店等场所用于支付。有一回，儿子吵着要爷爷买东西，爷爷就故意骗他说自己没钱，不能买，大宝就立刻说："可以用哔哔的啊！"（因为用悠游卡支付都会有哔哔的声音）

你越常示范、引导，孩子就能够越快掌握原则，知道自己也可以用这样的方式来解决问题。

第二种做法是把复杂的目标拆解成几个可以依次完成的小目标，然后一步一步完成。就像你要训练孩子帮忙摆餐具，不能在第一次请孩子做这件事情的时候，就完全放手让他去完成，你要一步一步地引导他。

首先，你要问孩子："我们需要多少餐具呢？" 在孩子回答之后，你再问孩子："你知道餐具放在哪里吗？" 等孩子拿到餐具之后，再问："你要怎么摆放餐具呢？"

这样，通过一次完成一个步骤，就能够训练孩子要怎么去解决问题。在孩子比较熟练之后，我们可以给孩子出一些"难题"，例如今天家里多了几位客人，但是筷子不够用了，该怎么办呢？孩子可能会凭直觉回答："那么我们再去买筷子就好了。"这个当然是合理的答案，不过我们可以故意告诉孩子：宝宝啊，可是现在附近的店都没有卖筷子了，等等，引导他考虑各种可能发生的状况。

对于更小的宝宝，其实也有相应的练习。比如，你可以用一些孩子很喜欢、难以抗拒的东西，如婴儿爱吃的奶嘴或是一些会发出声音的玩具，来吸引孩子的注意，训练孩子克服一些困难来得到。最简单的做法就是增加一些障碍物挡住孩子的路，看看孩子是否知道要排除障碍物，然后去拿他想要的东西。

那么，我帮大家回顾一下培养理性思维的四个重要步骤：

第一，帮助孩子理解事物之间的联系；

第二，判断能力的培养；

第三，弹性思维能力的培养；

第四，解决问题能力的培养。

有的时候，孩子必须同时运用这四个步骤，才能够达成自己的目标，但有的时候，只需要涉及其中一个步骤就可以达成自己的目标了。我举个动画片《Peg & Cat》中的例子来说。

有一次，小猫被困在树上了，佩佩要去把小猫救下来，她首先知道要把小猫救下来，需要解决高度的问题，这就是她在理解事物之间的联系。要解决高度的问题，佩佩做了正确的判断，想到要去借梯子，因为梯子可以解决高度的问题。但是，梯子坏掉了，佩佩就必须想出别的方法，这时候她运用了弹性思维，想到了既然不能用梯子爬上去救小猫，那么就可以让小猫跳下来。佩佩后来发现，小猫是没办法一次跳太高距离的，所以必须分成好几次，一次跳一小段距离，最终才能回到地面上。

我还是蛮喜欢让孩子看这种需要多想想的动画片的，一方面希望可以刺激他们多思考，另一方面就是在生活中若遇到类似的例子，就可以用来举例说明，孩子一下就明白了。

好的，我想大家都等不及想要帮孩子培养理性思维能力了，但我要先提醒大家一个重要的点：在培养的过程中，若不是孩子主动表达需要协助，或是你察觉到孩子卡住了，请你多给孩子一点时间。

现在的爸爸妈妈对孩子的照顾无微不至，有时候甚至有点过头。我们曾经带大宝、二宝参加一些亲子活动，我们都是让孩子自己去做，尽量不插手；但是，你会发现有些爸爸妈妈会一直在旁边提醒孩子，或者只要孩子一做错，就立刻纠正。

“你看，老师是用这个颜色啊！”

“你这样摆放不像一棵树。”

“你应该这样摆放……”

这样的做法，虽然会让最终的成果比较好看，但是在这个过程中，孩子学习、犯错的机会被剥夺了。如果哪一天没有你在旁边提醒孩子，那么他们很有可能就不知道该怎么做了。所以，我再次强调这个原则：如果孩子没有求助，他还在自己尝试，你就管好自己的嘴巴和手。

4 不同年龄的培养建议

接下来，针对不同年龄段的孩子，我要给爸爸妈妈不同的建议。

0~3岁：培养日常习惯，学习规律

三岁以下的孩子，我会建议从养成固定的习惯做起，让孩子在不知不觉中学习规律性。另外，在陪伴孩子的时候，也可以尽量练习把自己的思考讲出来，让孩子学习怎么解决问题。

例如，你要孩子出门的时候，发现自己的袜子破了个洞，你可以跟孩子说："你看，妈妈的袜子破了个洞，该怎么办呢？"如果孩子没有反应，你可以告诉他："妈妈想到了，要不今天妈妈就穿凉鞋出门好了，这样就不用穿袜子了。或者，你觉得妈妈该去换一双新的袜子吗？"你可以邀请孩子帮你做决定，这样孩子对这件事情的印象就会特别深刻。

这个做法就涉及我刚刚提到的四个步骤中的前两个，也就是帮助孩子去理解事物之间的联系，以及培养孩子的判断能力。

3~5岁：阅读绘本，启发思考

三岁至五岁的孩子，我会建议家长跟孩子一起读一些跟思考有关系的绘本，或是有限度地看一些视频。很多小朋友喜欢的视频，像《米奇妙妙屋》或《Dora》(爱探险的朵拉)，基本上都有引导孩子怎么去解决问题的情节，只不过看视频的时候，孩子很容易过度投入剧情的发展，反而没留意到其中跟问题解决有关系的细节。

所以，找一些好的绘本是更适合的方法，你可以多花一点时间跟孩子互动，问问孩子：你会怎么做呢？

日本绘本家吉竹伸介的作品就是很棒的素材，他的作品都以孩子的角度来看世界，然后提出千奇百怪的问题。爸爸妈妈跟孩子一起阅读绘本时，孩子的大脑会受到多样的刺激。大宝最喜欢的就是《我有理由》这本书，因为里面讲到，为什么大人想要买什么就可以马上买，但是我就要等很久，为什么？

通过故事的方式，可以帮孩子梳理事物之间的联系，训练孩子去做判断、换位思考，也就是弹性运用自己的知识，也可以鼓励孩子举一反三，学习怎么解决问题。那么我刚刚提到理性思维的四个步骤，就都帮孩子训练到了。

5岁以上：学习编程，训练理性思维

5岁以上的孩子，我会鼓励爸爸妈妈让孩子学习编程，其实现在有很多练习编程的玩具，是非常适合让孩子练习做规划的，例如会移动的小老鼠或是毛毛虫，可以让孩子练习要怎么规划，才能让小老鼠跑到目的地，吃到奶酪。

现在市面上有不少成熟的产品，可以让孩子拿来做练习。虽然听故事和编程都能够训练理性思维的四个步骤，但是编程更依赖孩子的主动性，也更贴近在真实生活中孩子遇到问题时要自己主动想出解决办法的情境。

如果孩子更大一点，我甚至认为可以用App来学习编程，像去年暑假我就让7岁的大宝学习用苹果公司开发的Swift

Playgrounds软件练习编程，效果还不错。如果爸爸妈妈也没学过编程，还可以把握这个机会跟孩子一起学习。为了让儿子更容易上手，我做了卡牌，先训练孩子的逻辑是否正确，再用iPad操作。

5 理性思维是一种怎样的能力

理性思维和什么心理能力有关系呢？

我从一开始的理性思维的优点，讲到了如何通过四个步骤来训练孩子的理性思维，你应该很好奇，理性思维是一种什么样的能力？在日常生活中，要如何循序渐进地训练孩子呢？

我先讲讲理性思维究竟和什么能力有关系，理性思维包含了解不同事物间的联系、做判断、弹性地做判断，以及解决问题这几个部分。这些都和“执行力”有关联，那么执行力又是什么？如果人脑是一台电脑，那么我会说执行力就是这台电脑的CPU，也就是掌握这台电脑运算效率的核心要素。

虽然我把执行力和电脑的CPU进行类比，但是我们要训练孩子的执行力，可不是用同样的方式不停地重复练习就可以了，它需要我们在不同的时间点给予孩子适当难度的练习，才能真正达到刺激孩子大脑发育的功效。太简单的东西，对孩子来说是没有帮助的；太难的东西，会让孩子有很大的挫折感，爸爸妈妈也会难受。

怎么给孩子难度更适当的练习呢？跟孩子一起玩游戏的时候，你可以观察他的反应，如果他很容易就可以完成，那么你可以加大难度，如果完不成，就降低难度，或者给一些提示。

比如前面提到的支援前线的游戏。当一个属性的要求孩子可以很快完成的时候，你可以多给出一些属性，例如请给我一个软软的黄色的东西，如果孩子无法完成，你可以给孩子一点提醒：你可以摸摸看，哪个更软呢。

期待我的方法能更好地帮你实现轻松养育。

6 家长问答

问题1

如果孩子坚持自己的想法是对的，而且不愿意听别人的建议，怎么办？特别是有的时候，孩子想的明明是错的。

回答1

很多孩子都会有这样的状况。我们如何去面对是很重要的。我会建议你不要强硬地制止孩子，你要很友善地跟他说如果真的要这样做的话可能会有什么样的后果。如果孩子还是坚持要这么做，你一定要让孩子自己去承担那个后果。只要这个后果对孩子不会造成生命安全的影响，或者有太强烈的负面影响，你都可以让孩子自己去承担。有的时候，孩子其实是不希望自己被否定的，所以你也可以帮孩子重新包装一下他的想法，让他觉得你其实尊重他的想法，但是会帮他做一些调整。像有时候二宝就很拗，我们就要帮他想一些说法，比如："你是不是其实并没有想要那个东西，只是因为哥哥抢走别的东西所以你有点伤心？"我们就会用这样的方式去引导他，让他先稍微缓和下来。当然也不会完全去扭曲那个事实，而是现在孩子知道他现在会有这样的感受是因为什么样的原因，然后那其实并不是你想要的。当孩子比较平静的时候，再带孩子去重新回顾一下那件事，诸如此类，我们可以帮助孩子，不要直接去否定他，而是帮他重新换一个视角去看待事情，这样的话孩子可能就会比较愿意接受了。

问题 2

孩子三岁三个月，喜欢问为什么。但是很多问题都非常显而易见，我认为他如果自己认真思考都可以知道，而不需要问，甚至有些是可以不用想都知道的。还有的时候，明明东西就在眼前，或稍微拿开遮挡物就可以看到，他却不愿认真寻找，就说找不到让大人帮忙找，这算不算思维上的懒惰呢？怎么让他主动思考，积极想办法自己解决问题？

回答 2

首先，孩子喜欢发问是一个好事情，千万不要指责他："你为什么一直在问问题？"不过，有些孩子是会一直重复问同样的问题，在这样的情况下，你在他重复几次之后就应该反问他别的问题。孩子可能还没有体会到自己找到答案的快乐，所以你要做一些规划，让孩子去体会自己找到答案的快乐，如果他自己找到答案就给他一点小小的奖赏。另外，孩子可能平常被宠坏了，所以觉得别人都应该帮自己做事情。针对这一点，绝对要从小开始训练孩子自己做事情以及自己承担后果，越自主的孩子越会知道做事情要多想想，不能坐着等答案送上门来。

问题 3

宝宝两岁半，问她一些问题她总喜欢回答"不知道"，哪怕是比较简单只需要稍微思考一下的问题，她也不乐意回答，感觉是懒于思考，请问遇到这种情况应该怎么办呢？

回答3

有的时候，孩子是因为不知道答案所以会直接回答不知道。你可以试着提供几个选项让孩子选，这样可以增加孩子的自信心，如果孩子选了选项之外的答案，也可以问问他："你为什么要这样选？"这是要避免孩子逃避思考这件事。如果孩子明明知道答案，但是故意不回答，你也可以使用一些策略，例如奖赏，或者可以假装不知道，然后说："如果有人知道这个答案的话就可以帮我的忙，我好希望有人可以告诉我答案哦！"

问题4

太早培养是否会变得"无趣"？希望孩子理性，但又担心他太理性，少年老成挺悲哀的。

回答4

我们到底该什么时候培养孩子？太早培养孩子理性思维会不会不好？这个问题我会觉得其实你越早培养孩子能

够自己去思考其实是更好的。当然，我们会担心孩子会不会太早就学到这件事，然后算计太多。这是有可能发生的，不过我会觉得，与其他不思考，我宁愿他多想一点点。孩子小的时候若能养成多去想、多去思考的习惯，其实对他以后是很有帮助的。像很多人小时候可能没有这样的机会，然后念书了，念小学、念中学的时候越来越缺少这样的机会，因为没有人鼓励他思考，大家都跟他说“你要好好考试，要有好的分数”，这样其实非常可惜。坦白说，虽然真的把事情想透彻，在现阶段的教育体系下可能会有点吃亏，不过长远来看，孩子真的需要有思考判断的能力，这对他最终还是会有帮助的。尤其在现在这个人工智能发展迅速的时代，我们要思考的机会可能越来越少了，你要怎样判断人工智能提供给你的东西到底是不是对的、合理的，还是需要有一些基本的能力。所以不管是现在还是将来，这种能力对孩子来说都会非常有帮助。

7 结语

读完本章的内容，相信你已经知道了理性思维的重要性，无论是对于大人还是孩子，理性思维可以帮助我们更清晰、更灵活地认识这个世界，让我们对生活更有掌控感。

理性思维是可以从小培养的。帮助孩子建立理性的思维方式，可以用四步走的方法：帮助孩子理解事物之间的联系、培养判断能力、培养弹性思维能力，以及培养问题解决能力。对于不同年龄段的孩子，家长也要灵活地使用符合孩子年龄特点的方法。相信在理性思维的帮助下，我们的孩子能够更好地达成自己的目标，拥有更高质量的未来。

Chapter 2

第 2 章

智力脑

培养孩子的数感，从正确数数开始

如何给6岁前的孩子进行数学启蒙？数学能力是最受关注的学科能力之一，家长们都想要尽早地开展数学启蒙教育。然而，不少家长都会感到困惑，自己费尽心思教给孩子数学知识，可是孩子常常连“最简单”的数数和加减法都学不会。

其实，给小宝宝做数学启蒙，我们要从培养更简单却更重要、更基础的数学能力开始。阅读本章，你将了解孩子对“数”的感知是如何发展的，同时学习进行数学启蒙的正确方法。

1 对数学的感知或许是本能

我们都很关心孩子的数学能力，往大了说，数学是高级数理逻辑、微积分等，往小了说，数学是孩子们日常的数数活动和“加减乘除”。数学的确很重要，我们成年人每天都要用到数字，还要用它计算。数学不仅实用，而且影响着我们对世界的思考，以及人际生活。

大家都知道数学能力要从小培养，我也看到身边很多爸爸妈妈，在孩子开口说话以后，就开始教孩子数数了，宝宝们在两岁的时候，也能跟爸爸妈妈学着从1数到10或20，厉害的孩子甚至可以数到100。

但是孩子又常常让你疑惑，比如，他都三岁了，为什么还数不清五颗糖？还有家长发愁，在教孩子数数的时候，他却想玩吹泡泡，怎么办？

我想先告诉你一个让人惊讶的事实，那就是两三岁的孩子可能会学着念“1、2、3、4、5、6、7、8、9、10”，但他们不是真正会数数。为什么会这样呢？其实很简单，数字是抽象的符号，然而孩子的思维是具体形象的，他们脑海中的数不是数字，而是数量。

孩子对于数量信息的认识最初是在生活中潜移默化接收的，我们可以尝试用更顺应孩子本能的方式教他们学数学。这个本能就是数感。孩子的数感，出现得比数数还要早，科学研究的证据显示，孩子很可能一出生就对数有感觉了。事实上，很多动物也有数感。

这听上去有点儿玄，下面我会通过一些例子告诉你，我为什么会这么说，以及我们如何培养孩子的数感，让数感服务于更丰富的数学能力。

由于孩子的大脑还不成熟，所以在认知上，孩子的很多特点会跟动物略有相似。你可以试着把孩子的数学能力和小动物去比较，小动物会“1、2、3、4”这样数数吗？不会，但是小动物们能做到辨别数量，它们有数感。

我给大家举一个研究的例子。有一种蝾螈很喜欢吃果蝇，英国的研究人员就用两个透明管子想引诱蝾螈，管子里有什么呢？有数量不同的果蝇。一个管子里有8只果蝇，另一个管子里有16只。结果怎么样？他们发现，蝾螈通常会奔向装有更多果蝇的管子，这就证明它们是能够辨别数量的。

你可能觉得很奇怪，这不是显而易见吗？蝾螈喜欢多的食物，很正常。没错，本能让它选择更多的食物，前提是蝾螈要成功地辨别8和16这两个数量。尽管他不知道数字符号8和16，但是它可以成功判断出16只比8只要多。

墨尔本皇家理工大学的研究人员用蜜蜂做过一个更复杂的研究，他们用的是条件反射的方法，想看蜜蜂能不能区分多少，以及区分“有”和“没有”。具体的操作我就不介绍了，研究结果发现，蜜蜂这种不起眼的昆虫不仅会辨别多少，甚至可能还有零的概念。其实此类例子还不少，你是不是有些惊讶呢？有研究者还考察过刚出生一两天的婴儿，发现新生儿都可以分辨简单的数量，比如区分2个和3个。

连动物和新生婴儿都有区分数量的本能，我们相信潜力无限的婴幼儿一定有着强大的数学潜能。想要更好地开发这一潜能，不能总盯着孩子对数字符号的掌握程度。因为数字符号只是人类给数量贴的一个语言标签，它们是抽象的，而婴幼儿的思维是直观动作思维，他们很难脱离实物进行思考。孩子不会用标签给数量命名，并不意味着他们没有数学能力。

我们需要顺应孩子的认知特点或者天性去挖掘他们的数学能力，帮助他建立一个良好的数学思维习惯，以应对将来更复杂的数学学习。

那么，挖掘的切入点在哪里呢？这就是我想重点和大家探讨的一个问题：婴幼儿数感的培养。在这个话题中，我还会告诉大家，真正会数数的孩子是怎样的。

2 数感与数量辨别：数理逻辑思维的萌芽

数感及其作用

数感（number sense），是指数量间关联的意识和直觉能力。虽说不同的研究者和学者对数感有很多种定义，但我们可以简单把数感理解为对数量关系的直观感受甚至是感情。

数感并不强调如何让孩子记住运算规则，它更强调一种与生俱来的直觉，或者说一种朴素的数学素养。大家不要小瞧数感，它可以说是在数学与现实问题之间建立联系的桥梁。

数感能为孩子们使用灵活的方法做出数学判断，以及解决复杂的数理问题等打下基础。咱们国家义务教育的数学课程标准已经明确将“发展数感”列为数学思维领域的首要目标要求。

数感所包括的内容很广泛，虽说国内外研究者对数感成分的定义有30余种，但是大家对数感核心成分的看法还是比较一致的。下面我主要从数量辨别、数数、时间表征和空间表征四个方面来讲述对数量关系的感受能力，实际上就是将数、量、时、空掰开来说。另外，对于数学的积极情感培养，也是数感培养的一个重要方面，我也会跟大家简单聊一聊。

数量辨别：数理逻辑思维的萌芽

首先来说刚开始提到的数量辨别能力。大家想一想，你们认为孩子在多大的时候能辨别数量的多和少呢？三岁？一岁？刚才我提到，有研究发现新生儿就能分辨2个和3个。这是两个非常小的数量。我再告诉大家一个更经典的研究，他们想知道，6个月的婴儿能不能分辨更多的数量。

6个月的婴儿怎么能配合我们呀？其实有办法。研究人员给6个月的小婴儿看小短片，看8个散乱的黑点看一阵子，直到孩子觉得不新鲜了，失去兴趣；接着，再给他们看16个散乱的黑点，他们会重新来劲儿。

这说明什么呢？孩子看8个黑点看腻了，如果他不能判断8个点和16个点的区别，那么给他换成16个点的话，他一样会觉得没意思。但是6个月的婴儿可不简单，他们真的知道16个点跟8个点不一样，现在换了一段新的短片！所以他就再次打起精神了。

当然，这其中通过编程，控制了这些点的总面积、密度、总周长等潜在的干扰因素，让我们可以确定孩子发现的就是数量上的不一样，而不是某一团黑色更紧密，某一团黑色更稀疏等。

我刚才说这个现象说明他们能区分8个点和16个点，但这并不是说孩子6个月的时候会数数，或者他知道数字符号“8”是8个东西的意思。真实的情况是，孩子有一种感觉，尽管他们不知道8个具体是多少个，也不知道16个具体是多少个，但他们知道这些点就是比刚才那一堆要多，它们不一样。

这个研究还有后续，很有意思。当实验人员让婴儿看8个点和12个点的时候，他们就分不出来了，怎么回事呀，不是说婴儿有数感吗？原因在于，6个月孩子的数感很粗略，8和16的差别很大，相比之下8和12的差别他们就看不出来，这和两个数量的比例有关。

假如我快速地给你看40个点和39个点，你根本来不及通过数数做出判断，也就几乎没有成年人可以说出哪个更多。但是快速给你看40个点和20个点，你肯定能分辨出来。孩子对于数量的辨别能力，一开始就是这样，比较模糊。他们要到小学阶段，才能差不多达到大人的水平。

除了个数多少以外，长、短、高、低、面积、体积等，也属于数量辨别的范畴。

既然婴儿时期的孩子已经有了这种关于“多少”的数感，我们就可以尝试对处于婴儿期的宝宝进行数量辨别能力的培养，比如将生活中随手可见的事物融入语言和游戏中。

我给大家介绍几个简单易行的方法，我已经给我儿子用上了，他还不到1岁呢。

首先，大自然中蕴含了许多数量信息。在带孩子散步时就可以让他辨一辨。我和孩子在长椅上坐着的时候，看到椅子边的树叶，他想伸手抓着玩，我就拿着大的和小的树叶告诉他："这一片是大的，这一片是小的。"

家里种的枣树和无花果都结果了，青色的果实放在碗里有大有小、有多有少，都是帮助宝宝辨一辨的好道具，你可以把这些食物拿起来，跟孩子说："宝宝，我们有好多枣呀！你看，这个大、这个小，妈妈吃大的，爸爸吃小的。"

我们的生活用品和玩具也是非常好的道具。和孩子比大小、辨数量时，可以选用同一类物品。气球就是个好道具，它可大可小、可多可少，而且吹气球时，气球变大是一个连续的过程，可以让孩子充分体验量的连续性。你可以让孩子观察："看，爸爸在吹气球，慢慢、慢慢地，气球就变大了！我们让爸爸再吹一个！再来一个！"

平日里如果时间有限，宝宝吃零食时也可以辨一辨。我家宝宝九个月大时，不爱喝水，但很喜欢吃酸奶溶豆，有一次我用小勺舀了点水后，放了一粒溶豆进去，他便主动喝，不放则坚决不喝。我意识到，孩子有0和1的数感。于是，我尝试着在一只手里放4颗，另一只手里放8颗，让他选择。他左右看了看，伸手去够溶豆多的那边。从此，每次吃酸奶溶豆，我都会和他玩儿哪只手里更多的游戏，宝宝也很喜欢。

3 数感与数数：建立基本的数概念

孩子会数数意味着有数概念吗？

说完“量”，接下来说说“数”。数学认知的研究中常常提到“数概念”这个词，它有点学术，大家可能觉得有点陌生，但如果说数数，大家一定很熟悉、很关心。在刚才提到的数量辨别能力的培养过程中，宝宝逐渐有了对多少的认识，这也是真正理解数数的基础。

我们日常生活中说的“某个两岁的孩子会数数啦”，其实说的是“唱数”，唱歌的“唱”，所以它不是真的数数。简单来说，孩子就是把数字像背诗一样背下来。比如，邻居家的大宝已经能数到一百了。这个“数到一百”是不是意味着孩子已经会数数了呢？并不是。能把数字像1、2、3、4、5这样念出来是一方面，更重要的是孩子要知道它们是什么意思，以及数数的时候该怎么正确使用。

如果我们想知道孩子是不是真的会数数，我们可以从三个方面来测试一下，即把数数能力分解成唱数、给物说数和按数取物这三个能力。这三个方面都达标了，就说明孩子建立起了基本的、正确的数概念，也才是真正意义上的“会数数”。

建立基本数概念第1步：唱数

先来看唱数。唱数，是很多孩子学数数的第一个阶段，把数字序列背下来。但这个过程也不简单，孩子常常会出错。

我在幼儿园做实验的时候发现，有的孩子会数着数着跳数字，比如，数完29直接数40；还有的数完9以后再回头说7；还有的只能数到某一个数，就再也数不下去了，比如只能数到20，然后就看着我说：“老师，后面的我不知道了。”

还有更小的孩子，约两岁的小小班孩子干脆是胡乱数的，2、4、5，等等。这些孩子的可爱举动说明，此时，在他们心中，数字和字母一样，只是一种语言代码，他们就像背书一样记数字，难免出现记忆错乱，这简直再正常不过了。如果在一次唱数过程中出现几次这种现象，也说明孩子还没有从本质上认识数的顺序。

我还做过一项研究，随机选了40个幼儿园大班的孩子，他们大约5岁，他们唱数都能说到100，有不少孩子还能从100倒着往回背。中班也选了40个孩子，4岁左右，这40个孩子之中有34个也能数到100，有6个数不到100。在小班，3岁左右的孩子我选了30个，他们只能数到10或者20。

你看，孩子的唱数能力直接受到年龄或者生理成熟度的制约。所以，咱们教孩子唱数的时候，就当他在背一首很难的长诗，咱们大可不必眉头紧锁地指出孩子的一堆错误。

怎么让孩子更顺利地学会唱数呢？还是依据儿童的认知发展特点，和孩子玩唱数游戏可以先借助手指，通过直观动作让他们熟悉这些数词。

我带着宝宝出门的时候，将他放在抱凳上抱着，然后把手伸到他面前，一边走路一边伴随着脚步给他比画一二三四，几次下来，有一天晚上我们散步回家后，我无意间说了个“四”，他居然举起四根手指头看着我。我顿时很有感触，有节奏地用手数数确实是能潜移默化地融入孩子的记忆中的，即使他只有对数字的模糊感觉。

另外，我们不一定要以数数为目的，孩子在做其他事的时候也可以将唱数的声音当作背景。比如，当孩子在爬楼梯时，爬一步数一个台阶，让他在自己的大肢体动作中体会一步、两步、三步……这些动作可以对应着口头数的数。

对于较小的婴儿，例如1岁以下的孩子，我们就用声音与视觉配合的方式进行辅助，比如将听鼓点与看图形结合，听到几声鼓点，就在他面前出现几个圆片。这样既能让孩子高兴，又能培养数感，一举两得。

建立基本数概念第2步：给物说数

在学会口头唱数之后，下一步是“给物说数”。给物说数就是说，我给你几个物品，你告诉我总共有几个。这反映了孩子们对集合总数的掌握程度，以及他们是否理解数数的规则。大人觉得数数很简单，但孩子要是想把东西数对，他必须运用正确的数数规则。

规则有三条：第一，每个物品只数一次且仅有一次，不能重复把一个东西数两遍，这个规则叫“一一对应”；第二，数一个物品就要对应口头上的一个数，而且要按照唱数的顺序；第三，数到最后一个东西的时候，嘴上说的那个数，就是这一堆物品的总数。

把数数任务这样分解后，你会发现，孩子能学会数数真的不容易，你可能也会理解他们为什么会有千奇百怪的错误，也大概知道如何给孩子指导了。

那么，孩子会数到几个东西，我们就认为他达标了呢？我也做了这项研究。我给孩了们 些棋子，散乱地摆在他们面前，然后让他们说出总数。这些幼儿分别是3 ~ 6岁不等。

我发现，孩子们采用的主要策略是用手指点着数，这是他们常见的特点，事实上，我们认为手指也是孩子数数的重要工具。数数这个过程可是个技术活，一般我们以4颗棋子作为分界点，能数对4个棋子及以上的，就说明孩子在这个任务上的能力已经达标了。

中班和大班的孩子都能从3颗棋子数到7颗，但是小班的表现就五花八门了，因为棋子给他们的时候是散乱的，他们用手指点着点着就不知道哪些数过哪些没数过了。3颗棋子都能数出5颗来，还有的在一个棋子上连着点两下，又或者把面前的3颗棋子数完一遍又一遍，直到他把自己会背的数用完。

所以咱们给孩子一些东西让他数一数的时候，可以先注意摆放顺序，我们把物品按照一定的规则摆，而不是一股脑儿地把一筐苹果放在孩子面前。比如我们把物品摊开摆成一排，这个方式就很好。但注意不要摆成一个圈，因为圈没头没尾，孩子很难记住从哪开始到哪结束。另外，用一些稍大一点的物体，便于孩子抓握，还要注意用比较鲜亮、形状鲜明的物体，比如各种颜色的积木。当然，游戏也不局限于物品，如果家里的人比较多的话，数一数熟悉的亲人也是很好的方法。

在孩子数数的时候，你可以根据我前面提到的数数规则，一点点地指导孩子具体怎么做。比如我们一边用手指着物品示范，一边告诉孩子：每个苹果点一次就可以了，1、2、3，有3个，然后让孩子模仿我们。这样具体的建议，对孩子来说更有效。

建立基本数概念第3步：按数取物

最后我们看看按数取物。这个过程和前面的给数取物正好相反，是一个逆向思维的过程。这个任务的要求是，我需要几个东西，你替我拿来相应的数量。

我的研究还是用棋子作为道具，我准备了7颗棋子放在孩子面前，伸出手跟他说：“请你拿给我4颗棋子，好吗？”

通常，大班和中班的孩子能一次就将正确数量的棋子都抓给我。他们有很多种完成的方法，比如边看边默默数好颗数，然后一次将所有棋子递到我手里，或者以群为单位，3颗一把、4颗一抓地给我。

但小班的孩子就要费点劲了。比如我要4颗，他们可能会一颗一颗抓，直到7颗棋子都抓完为止，或者抓一颗意思意思，又或者不论我要几颗，他们都抓3颗给我。大家可能发现了，三岁左右的孩子，他们还不理解数字和实际数量之间的联系，并不知道数数的真正意义和用途。

其实，不管是给物说数，还是按数取物，都是考察孩子头脑中物与数的联系。我们怎么帮孩子把这个联系建立起来，让他们真正地会数数呢?

我们试试借助橡皮泥来实现这个联结。橡皮泥有可变性，如果你的孩子三岁左右，我们可以让孩子自己动手搓小球，或者与孩子一起来搓小球。玩这个游戏的时候，家长先做示范，我们可以先搓出3个小球放在孩子面前，跟他说："宝宝，妈妈给你做了3个汤圆哦。"然后再对孩子说："宝宝，请给我3个汤圆吧！"孩子在自己动手制作3个小球的过程中能更好地体会从一到多的数量含义变化。

当然，孩子不可能一下子就学会数数，我们要记得多示范几次，别心急。等孩子适应后还可以增加难度，例如给我3个红色的球、4个黄色的方块。让孩子从颜色或形状上进行分群数数，实现手脑配合。

我再强调一下，数概念的获得是一个较长的过程，经历了唱数、给物说数、按数取物之后，孩子对数的含义才会慢慢明朗，才真正理解数字和数量有对应的关系。

我们不用急着让孩子毫无差错地精准数数。要注意观察孩子在数数过程中的细节，比如他在点数的过程中是一一对应的还是比较混乱的，是一个个地数还是一群群地数。这些细节都体现着孩子对数概念的掌握程度。

还有一点就是，大家不要看到孩子用手点数或者掰手指数数，就去制止孩子。用手数数对孩子来说很重要，它是孩子的法宝。我们不必担心孩子用手指，他就学不会心算了。

恰恰相反，掰手指是孩子能在心里数数和计算的必经过程。这个动作是孩子在借助实际存在的手指，辅助他头脑中的数数和算术活动，一般到了小学阶段，孩子就不会再那样做了。

以上关于数量和数数的知识，是爸爸妈妈们比较关心的，我讲了很多，有原则、有方法，大家随时都可以跟孩子玩起来。接下来，我再讲讲有关时空的数感。

4 时空数感与建立对数学的感情

时间表征能力的培养

所谓表征就是认识、表达和心理操作的过程，我们可以把时间表证理解为孩子头脑中对时间的认识。

为什么说时空感也是数感呢？国外的很多研究者在探讨，对时间、空间和数字进行心理表达的时候，我们的内心会有相通的感受或者理解方式，比如1和10，我们会觉得数字10更多，时间上会觉得10更久，空间上也会觉得10更长。

和对数字的感受一样，孩子们也是最先感知与生活最紧密的时间单位，即白天和黑夜，而不太密切的时、分、秒是孩子最难理解的。

那么，怎么能帮助孩子理解时间呢？除了在早晨起床的时候习惯说早上好，晚上睡觉习惯说晚安以外，我们还可跟孩子们玩捉迷藏。大家有没有发现，在这个游戏里，我们会给孩子们躲起来的时间，并且这个时间通常是用具体数字标定的。比如“宝宝，我数到十，你就躲好啊”，孩子边听数数，边躲藏的过程中就感知到了数字与时间的对应关系。

空间表征能力的培养

除了时间以外，对于空间的表征实际上也是从婴儿时期就开始了，如对深度的感受，对物理顺序的感受等，早在他们的婴儿时期就萌芽了。空间表征包括图形、空间方位、空间变化的心理操作等。

空间表征的培养可以用一桶积木搞定。首先，积木包含了各种各样的图案，另外，宝宝将积木搭起来或者推倒的过程就是对立体的感知，将积木放入积木桶里或取出又能感知到深度。

除了积木，我们还可以将绘本故事里描述的空间关系和宝宝一起用画画的方式表达出来，这些都是很好的方法。

培养孩子对数学的感情

刚才我们讲的主要是对数量关系的感受，数感还有一个重要方面就是对数学的感情。这一点往往容易忽视，但实际上，孩子年幼时就在不断累积对各学科的朴素情感。

我曾经在幼儿园做过一个研究，对象是3～6岁的小朋友，他们还没有接受正式的数学教育，但是在家和幼儿园已经或多或少学到了一些数学知识。

那么他们对数学问题的情感体验到底是怎样的，又能不能预测他们将来的数学成绩呢？我是这样测试的，给大班的孩子们看数学任务的图片，比如加法和减法，然后让他们给看到这些图片后的心情打分。

普遍来看，大班的孩子都还挺喜欢这些数学题的，但是如果让三年级的孩子来打分，这种积极情绪却找不着了。并且，三年级的大孩子对讲课的图片和解题情境的图片都表现出明显的负面情绪，说明他们听数学课、做数学题的时候心情不好、不喜欢。

这种负面情绪还能负向预测他们的数学期末成绩，就是大家常见的，对数学越讨厌，成绩就越差。

我就是想提醒大家，不要等到小学了，发现孩子有数学焦虑等情绪，再来思考原因。也许这些情绪有一个酝酿发展的过程，孩子们在学习过程中的心情变化值得我们好好关注。

实际上，前面讲的数感的培养方法，都是建立在良好的情绪氛围下的。营造一个快乐的家庭数学氛围，从数感中找到学科自信心对于孩子来说至关重要。比如，我们可以在切生日蛋糕的时候和宝宝一起商量，怎样把它切成六块分给大家？结果不重要，高高兴兴地思考和操作过程最重要。

总而言之，宝爸宝妈们需要发挥创造性，从孩子的本能和日常生活出发，多玩玩能增强孩子数感的亲子游戏。

“胸中有数”的孩子不仅对数量、数字都敏感，数感的培养经验也让他们为理解更深的数理逻辑做好准备，好的思维方式不仅让孩子在学校有更好的成绩，更能让孩子受益终身。

5 家长问答

问题1

老师您好，我家孩子三岁，数数到100基本可以，就是10、20这样的容易搞混，但是明明那里有5个东西，他也数出来是5，你接着问他有几个，他就变成1了，3以内的可以搞清楚，之外的就搞混了，这是哪里的问题？

回答1

您说的问题里其实说了两个事儿。一个是孩子能唱数数到100，另一个是关于给物说数的问题。我来分别解答。首先，您的孩子三岁能数到100挺不错的，他的唱数是过关了，也就是说他对于数的顺序的掌握没有问题。至于您说的10和20容易搞混，出现这个现象有两个可能的原因。第一个原因是您的孩子只有三岁，他对于数字顺序的认识最初有很大成分是记忆在起作用，他还没有真正理解数字的含义，也就是说10和20到底是多少个，他脑子里还没有这个画面。所以他弄混这两个词很正常。第二个原因是10和20是两个计数的节点，它们有很多相似的地方，比如都是在9个数以后的一个计数节点，发音上也有相似之处。此时孩子脑子里有这个节点的意识，但还没有关于10和20的文字书写记忆，纯从语音上记忆的话的确是容易混淆的。

第二个问题，孩子明知道有5个东西，他数出来是5，但是问他总数，他却回答1。这个问题说明孩子在给物说数中那三个原则的最后一个原则暂时还没有掌握。也就是说，一一对应他会，他知道一个东西只数一次，按照顺序将物品对应着数他也会，你看他能数出来5，但是他不知道数到最后说出来的这个5字，就是这一堆物品的总数，也就是说他没有理解数字对集合总数的代表性，孩子距离真正意义上的会数数还有一步之遥。还有，您说她只会数3以内的东西，我们通常以4为分界线，还不能数到4个以上，也说明孩子还没有完全掌握数数。当然您也不用着急，因为这是个循序渐进的过程，孩子还小。

问题 2

女儿四岁，认识数比较晚，现在能数数、知道多少，会10以内的倒数，如何引导她数20以外的数？数感与计算能力有无联系？

回答 2

您说孩子能数数、知道多少，意思是他能够通过点数知道一堆东西总共有多少个吗？如果是的话，要看看孩子能不能变换顺序数，并仍然知道不管如何，数集合的总数不变。

引导孩子数20以外的数，首先要让孩子熟悉数量顺序，并要让孩子知道如何进位。具体可以通过实物，比如小棒等，以10个一捆，分捆告诉孩子两捆就是20，三捆里有三个10，叫作30等。让他以10为单位，用一捆、两捆、三捆这些熟悉的数词来帮助标定大数量的数序，也就是标定十位上的顺序。然后，以30为例，先放两捆小棒，告诉宝宝这是20根，再拆开一捆，逐字逐句在两捆小棒上继续累加。

您后面的这个问题，答案是有的，数感和计算能力有很紧密的联系。20世纪90年代，权威杂志《Nature》上发表过一篇很有名的研究论文，表明5个月大的婴儿就有朴素的加减的数感了。这项研究是让婴儿看一场小表演，在一个挡板后面，放入1个娃娃，加上1个娃娃，然后发现婴儿就会有预期，他们认为挡板拿走的话应该有两个娃娃。如果挡板拿开，婴儿看到了1个娃娃，他们就惊呆了。从这个经典研究就可以直接看到数感和计算能力的关系。

正如我前面所说的，数感是从数、量、时、空上对数量及数量关系的立体感受和感情，这是一种数学思维习惯，它们都是计算能力的基础。

问题 3

孩子五岁半了，就是对数字迷糊，从1到50数不清，尤其是19到20，29到30，39到40，怎么都学不会。

回答 3

数不清是一个比较笼统的说法，我需要知道其中的细节才能比较有针对性地回答您的问题。对数字迷糊这件事儿我在回答其他家长的问题时也已经多次提到了，数字是语言符号，幼儿的思维特点决定了他记忆抽象的数字符号会有一定的困难。

孩子在19到20、29到30等数序中的转折点上存在问题是比较常见的现象。原因就在于这些转折正好是需要进位的地方。虽然，孩子还不能熟练地进行10以上的加减法，没有很严格地用到进位的方法，但数数的时候已经包含了这种进位的思想。

进位是一种运算形式，在十进制的加法运算中，每一数位上的数等于10时，向前一位数进一，通过从最右边的数字开始合并然后传递到左边。例如，当在十进制下计算6和7的和等于13时，“3”被写入右边一列，而产生的进位“1”被写到左边。当用于减法时，这种操作称为借位。

进位对于孩子来说是一个相当复杂的心理操作，他要熟悉进位规则，然后边计算边记忆。那么在数数的时候，孩子在遇到进位时，知道要进入新的一轮唱数中了，他要克服17、18、19一直念下来的思维惯性，并且要在脑子里想一想1进位后变成什么，哦，变成2，然后2后面要加什么呢？由于开始数数的时候，我们并没有从零开始数，而是从1开始数的，孩子即便知道要加上0，将2和0组合起来也是一个挑战。这些他都搞明白了，才会开始说20、21等，你看，这个过程不简单吧。

当然，他可能依靠记忆记住19后面是20，20后面是30，这样记的时候，由于几十、几十这些数字对孩子来说都比较相似，所以也是很容易混淆的。

问题4

我家儿子1岁3个月。我想知道，怎样把儿子对数学的兴趣内化到平时生活中？比如给儿子看可以翻的数字书，他一点都不感兴趣，反倒是对翻这件事本身兴趣更大。

回答4

这位家长将孩子对数学的兴趣内化到平时生活中的想法非常好，也在这个思想指导下给孩子翻看数字书。不过由于孩子还非常小，恐怕很难对数字书的内容有很大兴趣并集中注意力。我的孩子比您的孩子小三个月，我买了一些故事绘本给他看，他对于感兴趣的图画和故事内容会有大约三分钟的注意时长，并且还是在父母比较夸张地将图中内容边说边表演出来的情况之下。所以以数字为内容的书可能更难吸引并维持住宝宝的注意力。您可以尝试在看数字的时候，旁边放上相应数量的积木，让孩子抓一抓等方法。丰富方法，化抽象为形象。

另外，他对翻书这件事更感兴趣，是因为书是看得见摸得着的，这种可以操作实物的动作明显更有趣。您可以陪着他，一边翻书一边数翻过的页数。目的是给他一种数词的语音感觉和记忆，我想这就是一种顺其自然的兴趣内化方法。平常还可以多用孩子感兴趣的实体材料来和孩子做数量辨别游戏和数数游戏。

6 结语

孩子的思维方式是直观的、具体的。在他们学习正式的数学符号和运算之前，需要将足够的时间花在与数学有关的游戏上，以积累具体的数量经验，培养数感。事实上，不仅是数学，孩子们未来需要掌握的各种知识能力都需要在实践经验中慢慢培养起来，只有真正做到“玩中学”，才能收获真知、保持兴趣、获益终生。

Chapter 3

第 3 章

语言脑

小对话，大学问：如何培养孩子的语言能力

我要跟大家分享的主题是孩子的语言是如何发展的，以及家长怎样和孩子对话。

语言发展需要外部输入，也就是说，需要有人跟孩子聊天。家长和孩子聊天可以帮孩子学到更丰富的语言，这是最好的语言教育的方法。希望您看完本章，了解孩子语言发展的秘密之后，可以多跟孩子聊天，并且高质量地聊天。

1 语言教育要早开始

我想大家可能非常关心孩子开口说话的时间，不少家长都问过我：孩子开口晚怎么办呀？孩子学说话、学外语是不是有关键期？

儿童语言发展存在敏感期，但并非关键期。关键期的含义是一旦错过就无法弥补了，但敏感期不是的。敏感期是什么意思呢？在大脑相关区域的发育阶段，也就是孩子很小的时候，语言获得就会容易一些，这个阶段就是敏感期；在敏感期，如果孩子缺乏正面的经验和刺激，会导致长远的负面影响；当然，敏感期只是说孩子小的时候对语言更加敏感一些，不是说错过就无力回天了，孩子过了敏感期也可以学习语言，但是会更加吃力。

这里面涉及“语言习得”和“语言学习”的区别。在敏感期，孩子学语言其实是“语言习得”的过程。你看，小孩子在自然的条件下通过人际交往的语言获得是不费力的，而且是高效的。试想，婴儿只用生命的头三年时间就能够毫不费力地掌握母语的基本口语能力，没听说哪个孩子上过“母语兴趣班”的，他们也不需要背单词，不需要背范文。这就是语言的“习得”，英文是acquisition。

而成人学一门外语，是语言的学习，英文是learning，是很费力、很低效的，要背单词、学语法。我这一代人是从初中才开始学英语的，当时学得真是特别吃力，这是因为我们已经过了语言发展的敏感期。

大家不要对敏感期感到害怕，它不是关键期，孩子晚一点开口不是大塌下来的事，因为大脑的发育成熟阶段非常长，在孩子10岁以前都一直在发育，所以我们的敏感期也很长。现在的孩子们学英语也越来越早了，从小学一年级，甚至幼儿园就开始英语启蒙学习，已经比我们当年好很多了，发音更标准、学得也更快。

那么，敏感期很长，是不是意味着孩子小时候语言能力差也没关系？不是的，研究发现，孩子两岁时的词汇量可以影响其13岁甚至17岁时候的词汇量，还影响他的阅读写作能力。那些说话晚的孩子，也有大约一半人长大以后的语言能力是比同龄人要差的。

所以，语言教育要尽早，我们要早早地多和孩子说话，让他有机会接触各种语言、各种情境。假如孩子说话晚，我们可能需要花点力气让他追上开口早的孩子。怎么帮孩子呢？其实很简单，就是多和他说话。

2 对话促进语言和思维的发展

跟孩子对话为什么这么重要？原因有两点：第一，孩子是在与真人面对面的交流互动中去关注、习得语言的，这是孩子语言发展的“社会交往原则”。第二，语言是孩子思想的载体，孩子的语言能力给认知和思维的发展提供了可能性。

学语言，孩子需要互动

我们每天都和孩子说话，但是怎么和孩子说话是有大学问的。学习语言其实需要用到语言的社会脑。语言一定是在社会交往中获得的，孩子在一个独立的环境里面，如果没有人际交往的话，是不可能有语言发生的。

那么，在生活中，人们是怎么跟婴儿说话的呢？“宝宝，宝宝，看这个苹果，苹果。”这种聊天方式有什么特征？这是一种独特的和婴儿说话的方式：夸张的发音和表情、语速慢、词汇简单、有很多重复，而且声音的频率很高、频率变动很大。想想看，你叫孩子的小名时肯定是提高声调，而不是降低声调。这就是为什么婴儿很喜欢妈妈或者女性的声音，因为女性的音调比较高，宝宝对音调高的声音很敏感，这种声音可以吸引他们的注意力。

心理学家称这种说话方式为婴儿导向的语言，或者通俗地称为妈妈语、妈妈话（motherese）。在全世界，几乎在所有文化背景下、所有语言环境里，爸爸妈妈都会自发地用这种方式和宝宝说话。婴儿很喜欢这种聊天方式，因为这种方式可以帮助他们从复杂的背景音里分辨出妈妈的声音，以便集中注意力，去关注妈妈的面部表情、关注妈妈说话的内容，从而习得语言。

用妈妈话成功地吸引了孩子的注意力，下一步就是学新词，我们要研究一下如何让孩子理解词汇的意义。理解词义的过程，也发生在父母和孩子的社会互动中，这个过程的关键是成人和孩子的“共享注意”及“社会参照”（joint attention and social referencing）。这是什么意思呢？例如，当我们给孩子介绍“椅子”这个新词的时候，会用眼睛看着孩子，然后手指着词对应的东西说：“宝宝，来，坐椅子上。”

这个情景里信息非常丰富，其中，共享注意就是指父母和孩子关注的是同样一件事，孩子看到父母眼睛望着他，知道“哦，爸爸妈妈在跟我说话”。他通过父母手的指向还会发现，他该关注父母在意的这个东西。社会参照就是指，父母通过社交把信息带给孩子，孩子通过父母点头微笑的表情，知道“哦，我该去靠近那个‘椅子’”。

看起来，父母只说了一句话，但是这个过程中不仅有语言信息，还有父母的表情、眼神、眼睛看的方向、动作等，社会信息非常丰富。而孩子正是用这些社会信息作为参照，从而“猜”出词的意思、理解句子的意义。哪怕只听说过一次，下次他也能知道“椅子”这个词的含义。

父母可能会想，关于学词汇这件事，给孩子看点教学录像不行吗？真的不行。研究发现，真人面对面的交流可以帮助婴儿学习语言。但是，如果把这个交流的信息和场景用录像呈现，就起不到同样的效果。为什么呢？因为录像失去了面对面交流中丰富的社交信息。看录像是被动的，里面的人无法和孩子真正地互动，孩子得不到及时的信息和回馈，就很难学到语言。

这个研究给语言教育带来的影响非常大，它给我们的启示就是，在父母的陪伴下获得的面对面互动的语言习得效果，要远远好过给孩子播放儿歌视频、听故事机、用陪伴机器人所获得的效果。从这个意义上讲，人类祖先擅长的科技含量为零的聊天唠嗑方式，其实是促进孩子语言发展的最有效的方法。最近我还看到一个研究发现：比较给孩子听音频、看动画片、读绘本时的语言脑的活跃程度，听音频时对孩子的大脑刺激不够，看动画片时又容易信息过载，而读绘本时语言脑的活跃程度才刚刚好。这也证明社交信息对孩子语言发展的作用。

语言是思维的翅膀

不知道大家有没有注意到，孩子喜欢自言自语，尤其是在幼儿园阶段，在玩的时候会跟自己说话。在画画的时候会自己讲述画出来的故事，玩玩具的时候也会编故事。

我家小海豚5岁左右的时候看介绍玩具的视频直播多了，自己玩的时候往往也是直播模式："现在跟大家介绍的是闪电麦坤……"最后还不忘记做广告，"请大家点赞"。

这种自言自语的现象是语言发展进程中的一个必然阶段。孩子通过自己跟自己对话，把自己的思维过程表达出来，同时也在整理和评估自己的想法。这就是我们所说的元认知能力，是一种非常重要的高级认知能力。

因为发展限制，孩子们小时候的大脑做不到像大人一样高效、顺畅地思考，所以他们对世界的认识和加工往往需要借助外在实际物体的支持和帮助，如数数要借助手指头或棍棒，这就是皮亚杰所说的具体运算阶段。

自言自语也是一样的原理，出声的语言就是一个具体的、实际的事物，它帮助孩子调节自己的思维。在任务难度增加的时候，孩子表现尤其明显。随着年龄的增长及认知能力的提高，自言自语会逐渐内化成“内心独白”，孩子可以在心里说，嘴上就不出声了。

例如，小海豚玩一个数学游戏，如果是10以内的加法他不需要出声，在脑子里做计算就能够完成。但如果是“几个什么数字可以组成26”这样比较难的题目，他就需要自己跟自己出声说：“我需要5和5组成10，还要1和9组成10，再来一个6。”

也就是说，“语言”是孩子辅助自己思考的一种工具。以前我上课讲到这个概念时，有一位妈妈说：“我一直以为自己的孩子有什么毛病，老是自己跟自己说话，现在明白这对孩子思考是有帮助的。”

确实，明白了这个道理，孩子再遇到难题时，父母可以鼓励他们把解决的过程说出来，有助于降低难度，从而解决问题。

现在我们知道，孩子是在真实的、面对面的交流互动中获得语言技能的，语言是孩子认识世界的外部工具。那么，家长可以做些什么呢？能不能通过跟孩子对话，促进孩子的语言发展、帮助孩子认识世界呢？答案当然是肯定的。

3 促进语言发展：跟孩子聊天、做游戏

那么，怎样通过对话来促进语言发展呢？

在进化的过程中，语言习得能力就像随着新电脑一起来的软件包一样，预先装入了我们的大脑，语言学家乔姆斯基把这种机制叫作语言习得机制（Language Acquisition Device，LAD），我们可以把这个LAD模块想象成大脑的出厂设置。换一种方法解释，就是每一个人都有先天的语言习得能力，而环境则起到触发器的作用，人在不同的语言环境里就能学会不同的语言。

虽然我们把环境叫作触发器，但这并不意味着环境的作用就不重要。恰恰相反，我们的大脑具有很高的可塑性，它保证了环境中的信息能够在大脑中形成语言学习网络，从而促进语言发展。大家可能听说过有一些极端的个案，如早期严重缺乏人际互动和语言输入的孩子，如狼孩，就几乎不可能发展出正常的语言能力。在狼孩十几岁被发现救回来的时候，科学家发现，即使花费很长时间教他语言，狼孩也只能学会几个词，连两岁小宝宝的语言水平都达不到。这就显示出环境在语言发展中的重要作用。

要想促进儿童语言的发展，父母提供的早期语言经验至关重要。例如，前面总结的面对面的交流，这能帮助孩子建立词和事物之间的联系，还有听父母的说话声音、听母亲唱的歌谣、共读绘本等都是帮助孩子语言发展的好方式。下面给大家介绍一些简单易行的、能够促进语言发展的亲子活动。

家庭相册

第一个活动叫家庭相册。每个家庭都有大量记录孩子成长的照片，我们可以把照片作为媒介，和孩子一起回顾过去做过的事，这个过程也是通过语言来创造共同回忆的过程。

建议大家和孩子聊照片的时候多问开放式的问题，比如我们常说的5W，即When、Where、Who、Why、What，鼓励孩子用自己的语言来表达，例如：

上次我们去沙滩看到了什么？你在沙滩上最喜欢玩什么？后来下雨了，我们的沙滩城堡怎么样了？

让孩子通过回答这些问题，来增加说话的机会、锻炼口头的表达。父母还可以借机丰富他的语言，如孩子忘记了他用来堆沙子的那个东西叫什么了，父母就可以提示他：“那是铲子，爸爸给你买的小铲子。”借助这种情景回忆，孩子可以很容易记住。

假想游戏

第二个活动是大家很熟悉的假想游戏，又叫假装游戏，常见的例子就是过家家。

假想游戏是学前阶段表征能力发展的成果。在假想游戏里，孩子的想象力不受束缚，可以自由发挥、自由表达。我们可以把它看作一个比较安全的语言和问题解决能力演习。和孩子一起玩的时候，我给大家几个建议：第一个建议是要跟随孩子的“主题”，而不是给孩子布置作业——你要玩这个。因为只有孩子自己感兴趣的主题才能够玩下去，我们最好是直接问孩子：你想玩什么？他说想玩什么，你们就玩什么。

第二个建议是家长要坐下来全身心地投入游戏。很多时候家长自己忙，说陪孩子其实是在应付孩子。只有坐下来真正进入游戏，你和孩子的对话才有意义，才能够有前面说的“共享注意”和“社会参照”，才能让孩子有机会去注意和学习你的语言。前面说家长不决定玩什么，但家长依然可以起到很重要的作用，比如可以提建议以丰富、延续游戏。例如，孩子想玩海盗，爸爸可以说：“不如我们把桌子倒过来四脚朝天当海盗船吧？”

父母还可以给孩子买些能够支持语言发展的玩具，让他在假象游戏中玩起来，如玩具电话、过家家的玩具等。

亲子共读

第三个活动是亲子共读，很多家长也在做。我们知道，读书是提升亲子关系的重要方式，同时，还能给孩子提供高质量的语言输入。研究发现，早期进行了更多亲子共读的孩子，他们将来的学习成就会更高，尤其是书面语言能力。

阅读不仅是读书上的文字，也可以提供聊天的机会。跟孩子聊书的内容，可以像聊家庭相册一样，多对孩子提开放式的问题；我们还可以针对孩子说过的话进行重复、复述和拓展，英文是repeat、recast、expand。

重复孩子的话，本身就是对孩子的肯定。我们问孩子："这是谁啊？"孩子说："小象！"父母也重复他说："嗯，是小象！"

复述则稍微有点不同，它不是简单地重复孩子说了什么，而是强调用正确的语言重新表达孩子的意思。例如，孩子说："我要读那些书。"父母就复述给他："哦，你要读所有这些书啊？"这是在给孩子演示正确的表达方式。

拓展，则是在孩子说话的基础上拓展，帮助孩子丰富词汇。例如，孩子说："母鸡萝斯去散步。"父母就可以拓展为："母鸡萝斯一摇一摆地去散步。"

语言游戏和童谣

还有一个非常好玩的语言活动是念童谣。童谣一般都很押韵，朗朗上口，很多童谣还可以用动作和手指操的方式表达出来。我们小时候玩的“拉锯扯锯，姥姥门上唱大戏”就是这种可以表演的童谣。还有可以唱出来的歌谣，歌谣内容和身体的动作节奏一致，对促进语言发展的效果更好。

这里大家举一个手指操的例子。大家双手合十，然后从拇指开始，手指逐对分开，同时念童谣：

大门儿大门儿开开，
二门儿二门儿开开，
中门儿中门儿开开，
四门儿四门儿开开，
小门儿小门儿开开，
大家都进来。

这个童谣很简单，孩子特别喜欢。咱们在跟孩子玩这些童谣的时候，别觉得它很幼稚，就学孩子的样子，把动作、表情都做得很夸张，父母也会玩得很开心的。

4 怎样和孩子对话

下面来聊聊跟孩子聊天的技巧。

大家都知道对话就是你问我答。如果对话要进行下去，需要有提问、有回答、有反馈在内的一系列互动。

例如，大人问孩子：“这个是什么？”这是你在提问。孩子回答说：“苹果。”这是孩子的回答。然后，大人回应孩子说：“没错，你说对了。”这是父母对孩子回答的反馈。这可以考查孩子是否掌握某个知识，比如是否认识苹果。当大人给出“没错，你说对了”的反馈后，这次对话就结束了。这是一个封闭的环路。大家平时与孩子对话可能就会发生这种情况，跟孩子聊着聊着不知道说什么了，就没有下文了。

其实对话有更好的方式，不是闭环，而是螺旋式上升。大家想象海螺的样子，从最底下到最顶上，它不是直线升上去的，而是一圈一圈往上升高，最后到达顶端的。所谓螺旋是一种不断扩展、不断加深的模式，就像孩子理解语言、学习知识的过程一样，不是一步登天，而是在这种螺旋上升的模式中发展的。

例如，大人问孩子："这个苹果甜吗？"孩子回答："甜。"大人给他反馈，实际上又提出了一个新问题，大人说："为什么有的苹果甜，有的苹果酸呢？"大家发现了吗？当问孩子"为什么有的苹果甜、有的苹果酸"，话题不但没有结束，还从这一个苹果，扩大到更多苹果，涉及的信息一下子变多了，从"是什么"，变成了"为什么"，父母与孩子的讨论也更广泛、更深入了。

通过这样的讨论，孩子的认知从"这个苹果甜"，变成了"这个苹果甜，但有些苹果酸"。这个对话就能不断进行下去。通过对话，孩子跟成人一起，在头脑中构建出苹果的相关知识，苹果这个概念在孩子头脑中就丰富了，苹果不再是一个"píng guǒ"的语音，还有了颜色、味道等属性，并且跟其他苹果联系起来了，孩子以后就能更灵活地使用这个词汇。

5 家长问答

问题1

老师您好，我和孩子他爸都是话特别少的人，而且语言也不幽默风趣。我家孩子话不是特别多，有的时候想让她表达一下，比如让她说说今天都干什么了、有什么好玩的事情之类的，她也拒绝。我应该怎样去引导孩子呢？

回答1

这归根结底取决于我们怎样看待孩子。孩子有孩子的世界，想要进入孩子的世界就必须聊孩子感兴趣的话题。我会根据孩子的兴趣安排一些活动，比如出去看儿童剧，看孩子喜欢的动画片，这样就有共同话题聊了。关于情绪，孩子对自己情绪的觉知还在发展中，对于你问的问题，她可能真的不知道你在说什么。以孩子为主导的聊天是孩子引起的话题，或至少是孩子参与的活动或观察到的事情。例如，比谁喝的水多，就是孩子自己提起的。看冰箱冒烟，可以是成人引发的，但同样是孩子可以观察到的。

问题 2

我家宝宝两岁十个月，喜欢问好多问题。可是好多问题我都不怎么知道，经常对她说："妈妈也不知道，你去问问爸爸吧。"不知道老师对于解答父母自己不会的问题有没有好办法呢？

回答 2

不是所有的问题都有正确答案。可以反问：你怎么认为呢？或是请孩子重新定义问题："你是想问为什么葡萄是紫的？还是为什么你吃完葡萄手变紫了？"真的有意义的问题，可以一起来探讨："这是个好问题，我们来查查。"

有一些专门的问题我会让孩子去找"专家"问，如关于车的问题找爸爸，关于蒸包子的问题找爷爷。但是，我会提醒孩子这些人是这个领域的专家："爸爸知道好多关于车的事。"

问题3

请问一下，跟孩子对话，需要说得很详细、交代得很具体吗？还有些事物比较难理解，用其他的词代替会给孩子带来错觉吗？例如，路边的小路障（一个小锥体），和她说路障不明白是什么，可以用其他的词来替代吗？例如，告诉她是小火山，是不可以去碰的。可以用类似这样的说法吗？

回答3

孩子的理解能力很强，不要低估他们。“鹰架理论”的概念就是强调父母要先了解孩子现在的理解水平，在这个基础上增加一小步；发现孩子不明白的时候就要降低难度，重新解释。例如，可以告诉孩子，路障就好像儿童床旁边的栏杆，床栏杆防止小朋友从床上掉下来，路障用来防止车开到路外面去。

问题 4

老师好，我家有两岁四个月男宝宝，刚上幼儿园，语言能力还不错，但还不能完全自由表达，需要引导。每天我都很希望通过聊天的方式了解他在幼儿园的情况，也包括他做某些不良行为的原因，比如为什么要无故打别人的脸。我相信他一定有自己的原因而不是故意去欺负小朋友。幼儿园老师希望和家长一同找到原因来帮助他，可是我问孩子，他却不说，要引导很久才能得到一点信息。我知道不能用开放式问题来问两岁幼儿，可是选择性问题又怕对他有误导。所以，我很希望您在这里可以指点迷津，提供一些问话的技巧。

回答 4

问孩子“今天在幼儿园干什么了，为什么打人”这样的问题一般都不会有什么结果。首先，这样的问题太宽泛，其次，孩子可能都不记得他打过人，或者他不认为他和其他孩子的那种玩法叫打人，就算记得，可能也不记得为什么了，或者他还不能用语言表达出来。家长可以问得具体一点，或者先用叙述的方式把话题带出来：“我今天接你的时候碰到豆豆她妈妈了，她说豆豆吃点心的时候和你坐在一起？”孩子有了这个场景就比较容易想起要讲什么话题了。

问题 5

孩子三岁七个月，有时候兴奋起来一直自言自语，重复一句话，如假装自己是米菲，游泳的时候一直说“米菲在游泳呢”，这时旁边如果没有人帮她拓展词汇，她一直说怎么办？

回答 5

这就是我们前面说的自言自语（private speech）。这是孩子自己在加工和内化他学到的东西，就好像大脑要通过睡眠才能记住新学的内容，自言自语也是孩子在整合自己的学习，没有必要干涉她。

6 结语

本章跟大家分享了以下内容：第一，在语言发展的敏感期，父母要尽早给孩子开展语言教育。第二，父母一定要多跟孩子对话，因为跟孩子互动、说话是孩子产生语言的前提。第三，语言是孩子思维的载体，通过跟父母的对话，他的语言、思维都会越来越清晰。最后，给大家介绍了很多发展语言的好方法和聊天的技巧。简单来说，在家庭活动中，多跟孩子用开放式问题聊相关的话题，不用怕孩子变成小话痨！

希望咱们的孩子都成为语言小达人！

Chapter 4

第 4 章

语言脑

让语言流淌：儿童的词汇量是怎样炼成的

有妈妈咨询我：“我的孩子说话比较晚，同龄的宝宝已经可以流畅地表达了，可是我家孩子却只能说一些短语或者不连贯的句子，这是为什么？”在日常生活中，我们应该怎么做，才能让孩子不断拓展词汇量、丰富自己的语言、流畅自如地表达呢？

众所周知，0 ~ 3 岁是儿童语言发展的关键时期，但是，每个宝宝的语言发展情况都不一样。有的宝宝说话早，有的宝宝开口晚；有的宝宝很早就能够清晰表达自己的需求，有的宝宝却总是酷酷地一个一个字往外蹦。

例如，我带女儿去上早教课的时候，班上3岁的小朋友有的已经能够像模像样地用很长一段话介绍自己：“我叫……我家住在……我的爸爸是……我的妈妈是……”而且还能跟老师很好地进行互动，如及时回应老师的每个问题。而有的小朋友连说出自己的名字都困难。

再如，有的时候我发现，老师带着大家做游泳的动作，问小朋友们水里有什么？会有小朋友回答“大鲨鱼、大鲸鱼、小鱼儿”，但有的小朋友是一定不会开口的。

还有些孩子很爱表达，但发音不标准。例如，我自己的女儿虽然表达能力很好，也很有表达的欲望，但她有很多音还发不出来，所有的双唇音加上韵母“i”，她都不会说，她会把“玉米”说成“玉几”，把小猫咪说成“小猫几”，甚至连自己的名字“苗苗”也总是说成“叫叫”。但是，我从来不会因为这样而发火或者着急纠正她。

每个孩子都是独一无二的，每个孩子的语言发展也是不同的，我们要相信孩子就像一棵小树苗，要耐心等待，不能揠苗助长。我们要通过更加精心的呵护、引导和适当的外部刺激，为宝宝的语言发展起到助力作用。

孩子从刚出生时的咿呀学语，到后来能够完整流利地表达自己的想法，这是一件多么神奇的事啊！那么，儿童是如何掌握如此复杂的语言结构的呢？语言的获得又是如何伴随儿童的生理发展而实现的呢？

实际上，儿童的语言获得是一个动态的概念，词汇量的拓展更是如此，语言的获得是一个不断发生和发展的过程，是一个有次序、有规律、从量变到质变的过程。

所以，我想从如下两个角度和大家探讨儿童的语言发展。

第一个角度是儿童语言发展的阶段性，说说孩子在不同年龄段的语言发展有什么特点，这样父母可以有针对性地帮助孩子。

第二个角度是父母如何帮孩子营造更有利于语言发展的外部环境。

1 儿童语言发展的阶段性

首先，家长要了解0～3岁儿童语言发展的阶段性，根据每个阶段的特点，来帮助宝宝获得与每个阶段相对应的语言能力。

参考张明红《0～3岁儿童语言发展与教育》和张云秋《汉语儿童早期语言的发展》中的相关论述，孩子的语言发展大致经历三个阶段：语言准备期、语言发展期和语言成熟期。

语言准备期

0～1岁是宝宝语言发展的准备期，在这个阶段，宝宝虽然不会说话，但是他们会努力地采用各种方式与外界交流，像海绵一样吸收外界的各种声音，发音的各个生理器官也在不断地成熟，为开口说话做着准备。

0～3个月：单音节阶段

刚出生的婴儿不会说话，只会哭叫，而“哭声”正是他们学会的“第一种语言”，他们会在这个阶段用哭声来表达自己的需求抑或不满。有研究表明，宝宝饿了、困了、热了、尿了、拉了、想撒娇了，都会通过调节哭声的长短、音调来发出不同的声音。

同时，新生儿也会在这个阶段形成感知、辨别单一语音的能力。有研究表明，出生12天的婴儿就能用目光、身体动作等对外界的声音刺激做出不同的反应；而出生24天的婴儿就能够对熟悉和不熟悉的声音、男声和女声做出不同的反应。父母还会发现，这个阶段的宝宝已经开始开口努力锻炼他们的口腔肌肉了，比如努力发出“a”“i”“u”等单音节。

4～8个月：多音节阶段

4个月之后，经过一段时间的不懈练习，他们似乎终于掌握了该如何控制自己的发音器官和肌肉，开始进入咿呀学语的多音节阶段。这个时候，宝宝的发音量有了快速的增长，能够发出辅音+元音的音节，而且特别喜欢发出重叠音节，例如“mama”“baba”“nainai”。

9～12个月：萌芽阶段

宝宝9～12个月处于语言发展的萌芽阶段。这个阶段，宝宝们发出的连续音节开始蓬勃爆发，他们不再满足于多音节的重复，而是开始学着尝试不同的发音技巧，在和大人进行互动的时候，也能够听懂简单的词语和命令了。

语言基因就是宝宝发音的生理基础和大脑基础。那么，在0～1岁的语言发展准备阶段，父母该如何保护宝宝的“语言基因”呢？

首先，儿童的发音器官在这一阶段还很稚嫩，没有完善，父母一定要注意保护其发音器官，注意口腔、鼻腔、咽腔的卫生，帮助宝宝保持良好的卫生习惯。在宝宝大哭或者大喊大闹的时候，一定要及时安抚，防止损伤发音器官。

其次，科学研究已经发现，大脑中有一套专属的语言系统在控制着语言，这个系统的机能成熟与外界刺激密不可分。

因此，家长一定要及时回应宝宝发出的各种声音，主动跟宝宝多说话，用坚定而又温柔的语音和语调，特别是有特点的“妈妈音”，也就是声调提高、语调拖长的声音，与孩子们进行生命之初的互动，让他们体会到交流的乐趣。

当他们感觉到这种外界的回应，才会对自己更有信心，从而有更强的与外界沟通的意愿，使他们不断地张开小嘴巴锻炼自己的发音器官，努力向这个世界发出自己的声音。

让我们一起做好这两点，保护好宝宝们正在萌芽的声音，来迎接接下来的语言发展黄金时期。

语言发展期

经过了一年的准备，12个月以上的宝宝们终于进入了语言发展期。对于这一阶段的发展，宝宝们依然遵循着循序渐进的原则，从单词句到双词句，最终初步掌握语言。

12~18个月：单词句阶段

为什么把这个阶段叫作单词句阶段呢？因为在这个阶段，宝宝们往往会用一个词来表达整个句子，如“水”，实际上可能是孩子想喝水，或者已经喝了水，或者想玩水，却不能表达出完整句子。

但是，请家长们一定要记得，孩子们知道的其实远比你想象的要多，尽管他们在表达上受到了一定的限制，可是在孩子们小小的脑袋瓜中，每天都在对外界传输来的信息和知识进行不断的消化和理解。

我还记得我的女儿在这个阶段会把家里的Hello Kitty、小熊猫、小老虎等各种玩偶都称为“猫猫”，可是我却发现，当我指着玩偶问她，哪个是熊猫，哪个是小猫咪的时候，她能够指得清清楚楚。

甚至在她刚刚一岁的时候，我把给她讲过的所有绘本都摊开了放在她的面前，让她来指认，她居然能够根据我说出的“书名”准确地指出每本绘本！真的是让我们都非常惊讶。

很显然，日常的输入在她的脑海中已经留下了深刻的印象，她能够把声音和图像相结合，并牢牢记住了。也就是说，对于外界的爆炸式信息，这个阶段的宝宝们已经有很强的能力来吸收了，只不过还不能够很好地表达出来。

18～24个月：双词句阶段

随着词汇量的增加和生理器官的不断成熟，18个月之后，大部分的孩子会迎来词汇爆炸期，词汇量从20到100，再到200，甚至更多，他们开始说出不完整的双词句。例如：妈妈抱抱、爸爸举高高等。也有研究把这种简洁的宝宝语言称为“电报句”，因为他们在这个阶段说出的句子就像电报一样简洁明了。接下来，他们还会热衷于提问，要大人不断回答事物的名称、用途等。

在语言发展期，父母一定要多和孩子说话。有实验和研究表明，与爱说话的妈妈一起生活的孩子，会更快、更多地学到口头交流的技能。有效的、大量的输入才能在未来带来输出上质的飞跃。此外，在这个阶段，家长们也可以多和宝宝一起玩“命名”的游戏，带着他们给心爱的玩具起名字，并进行重复和拓展练习。

例如，宝宝给小猫取名Kitty，你可以继续追问宝宝：“Kitty的耳朵在哪里？鼻子在哪里？尾巴在哪里？”也可以让宝宝依次说出玩具的名称，妈妈再说出玩具的名称，让宝宝判断对错。总而言之，通过各种游戏并从身边的事物入手，尽可能丰富宝宝的词汇储备。

语言成熟期

2岁之后，大部分的宝宝在运用语言和词汇方面会出现明显的进步，能用3～5个词语来组织句子和外界进行交流，进入了语言成熟期。

在这个时期，父母可能会遇到两个小麻烦：一个是孩子开启

“十万个为什么”模式；另一个是孩子爱说“不要”“不好”等词。这正是孩子的语言发展特点。

第一个“反叛期”

除了问事物的名称和用途，他们也开始问最喜欢的句子：“为什么……”

我的女儿就是在这期间变身小话痨的。她开始频繁地使用疑问句，恨不得每天都要问十万次“为什么”，当一个问题大人解释了一遍，她还会继续问“为什么”。

例如，去上早教课，她会问：“妈妈，为什么你要带我去那里呢？”我耐心地解释：“因为很多小朋友都去那里啊，你可以跟很多小朋友一起唱歌、画画、做游戏。”你以为这样就能结束对话吗？并不是！

“为什么要和小朋友一起玩啊？”

“因为你长大了啊，要有自己的朋友了啊！”

“为什么要长大呢？”

“每个小孩子都要长大，都要和别的小朋友一起玩。”

“为什么呢？为什么每个小孩子都要长大呢？”

这些问题常常把我问得很抓狂，但宝宝们“打破砂锅问到底”的行为绝对是一个值得庆幸的现象。这意味着孩子在语言发展上的进步和成熟，也意味着孩子开始有独立的思考能力，已经不满足于在前几个阶段中大人们“硬灌”给他们的知识和概念了。

宝宝语言的结尾策略

除了“十万个为什么”，还令很多家长头疼的一件事情是宝宝对于“否定句”的热衷。有时候他们并没有听清楚大人说什么，就大声喊“不要”。实际上，这往往是孩子语言发展阶段中的一种“结尾策略”。曾有学者专门对此进行研究，结果表明，孩子在表达的时候，常常并没有完全理解大人的意思，而只选用问句末尾的一些词语作答。

例如，刚吃完饭，妈妈问：“吃饱了没有？”宝宝可能就会马上顺着说：“没有！”再例如，妈妈问：“我们一会儿去公园玩好不好？”孩子明明已经穿好衣服要出去了，却还是大声说：“不好！”

我们认为，24～36个月的孩子，尤其是30～36个月的孩子，对语言系统和语法规则虽然已经基本掌握，口语的运用也基本成熟，但语言的发展是一个循序渐进的过程，更因每个孩子的情况而有所不同。所以，在遇到孩子出现上述的“为什么”或者“结尾策略”时，一定要给予其足够多的耐心与关注，要理解他们在这个阶段为什么会有这样的表现，不要扼杀孩子继续表达与交流的积极性，而是依然要和他平等对话。你的回应、鼓励和赞许，以及肯定的态度会帮助他更多地开口去练习他每天学到的新词语。

语言的单项练习

那么，具体怎么帮呢？平时多跟孩子聊天，也可以有意识地做针对语言的单项练习。有研究表明，和语言狂人型妈妈生活在一起的孩子、能够得到妈妈不断回馈的孩子，与崇尚“沉默是金”的妈妈养育出来的孩子相比，前者比后者在2岁时平均多掌握296个词汇。也就是说，家长越鼓励孩子开口，同孩子讲得越多，他接收到的也就越多，能够表达出来的词汇和句式也就越多。

此外，在这个阶段，家长也可以在日常的交流中进行一些单项练习，帮助孩子更好地丰富词汇和表达。

词语的替换练习

我们还可以用词语的替换练习，要求宝宝把词组成句子，把短句变长。例如：饼干、我喜欢吃饼干、我喜欢吃小猪佩奇饼干、我喜欢吃红色的小猪佩奇饼干……

我的女儿曾经很喜欢唱《春天在哪里》这首歌：“春天在哪里呀，春天在哪里，春天在那小朋友的眼睛里。”她唱完之后，我会问她：“春天还在谁的眼睛里？”她就会自己改编歌词：“春天在爸爸的眼睛里，春天在妈妈的眼睛里，春天在奶奶的眼睛里，春天在小熊的眼睛里……”曾经她自己觉得好玩，一口气唱：“春天在爸爸妈妈爷爷奶奶姑姑小熊的眼睛里……”

连词成句

还有一个训练方法叫“连词成句”。例如，给宝宝几张卡片，有草地、房子、汽车、飞机、蓝天、白云，让他们试着组句子。甚至还可以让他们增加更多词汇，组成新的句子。

2 如何营造有利的外部环境

以上给大家讲解了儿童语言词汇发展的不同阶段，以及在每个阶段，父母应该如何注意保护孩子的语言发展，帮助他们更好地拓展词汇、丰富表达。那么，除此之外，我们还应该如何为宝宝营造一个乐于表达、善于表达的环境呢？我还想给大家如下几点建议。

读绘本或聆听文学作品

给孩子朗读故事或者儿歌，或者听优美的文学作品朗读，可以使孩子爱上文字、词语和语言。在阅读中，会遇到你们日常对话中难以出现的新词，并且在故事情节的帮助下，使孩子自然而然地领会其含义和用法，这是最好的学习方式。所以，养成给孩子朗读的习惯，并且有意识地接触各种风格的作品，尊重并保留原来的文字，是帮助孩子接触新词汇的最好方式。

控制看电视的时间

另外，建议家长们控制孩子看电视的时间。我们的语言是一种符号，每个词语都与特定的事物、动作、感受相对应，让人能通过文字联想到它的含义。但是，电视却在很大程度上限制了孩子的想象，因为语言所提及的内容基本都被画面展示出来了，这样也就限制了孩子对于词汇的思考与理解。相对而言，声音节目可以更好地刺激孩子头脑中与词汇对应的形象思考，因为他必须把耳中听到的变换成头脑中的形象，这种从抽象到具象的思维过程可以很好地促进孩子大脑的发育。

虽然有家长会觉得，孩子其实也能从电视上学到很多新词汇，有时候甚至会为孩子像“小大人”一样地说话而沾沾自喜。

请一定要注意，这种被动的习得对于孩子来说并不是一件好事，因为很多时候，他们对于电视画面中的语言仅是单纯模仿，其实并不能完全理解意思，也并不能与符合其年龄段的语言进行融合，反而会影响孩子正常的表达。上海儿童医学中心发育行为儿科主任、医师章依文教授的一项婴幼儿语言发育研究发现，孤独症儿童和语言发育迟缓的儿童看电视的时间都多于正常儿童。

当然，在社会节奏如此之快、父母工作繁忙的当下，大部分孩子可能都需要老人或者保姆帮带，孩子也不可能完全不接触电视等媒体。不过，除了控制观看的时间，家长如果还能够陪伴孩子一起观看，与孩子保持沟通和交流，变这种被动的视觉语言接触为主动，那么，对于孩子语言词汇的学习发展也能够有一定的帮助。也就是说，我们更希望父母能够尽量做到随时随地为孩子营造适合学习的氛围，因为这对孩子大有裨益。

营造学习的氛围

在全家的生活内容中，哪些东西占更多的比重呢？是电视、DVD、网络、电子游戏，还是书籍、艺术品、地图、拼图、填字游戏？无论父母和家里其他成年人的实际乐趣为何，在最初这几年，给孩子营造一个学习的环境是非常重要的。

例如，在看过一集动画片之后，和孩子一起讨论刚刚这集动画片的内容，让孩子向你复述，或者模仿动画片里的情景来玩个游戏，过个家家。这个过程是最自然、生动，渗透性最强的语言教育。如果觉得白天没有时间陪伴孩子，下班回家后不妨问问孩子：“这一天都发生了什么事情？有没有看电视？看了些什么？可不可以告诉爸爸妈妈，与爸爸妈妈分享一下呢？”这种故事的叙述和重复，能够形成最优的外部语言刺激，并且促进和形成与语言紧密相关的感知、记忆、思维等认知能力的发展。

3 家长问答

问题 1

家有5岁女宝，从2岁开始坚持亲子中英文绘本阅读（讲绘本时偶有穿插提问），家有绘本近千本，但孩子目前自主阅读欲望不强，对我讲的绘本故事还是有兴趣的，对幼儿园老师布置的语言作业不感兴趣，对科普数学等方面的绘本不大喜欢。请问家长该怎么培养孩子全面的阅读兴趣、提高孩子的表达能力？

回答1

感谢您的提问，我在这里首先要肯定您的做法。家长能够长期坚持中英文的亲子绘本阅读，这是一件非常好，也非常值得鼓励继续坚持的事情。但是我想要提醒家长的是，在给孩子讲绘本的时候，除了给他朗读、给他输出，更重要的是，一定要随着孩子年龄的增长，逐步加大与宝宝的互动和交流。读绘本就是难得的亲子交流时间，偶尔穿插提问肯定是不够的。

其实很多时候，重要的不是我们读什么，而是我们怎么读、怎么交流。我们一定要重视这种与孩子的交流，也不一定完全按照绘本的内容来读，完全可以就他喜欢的内容来进行深入的互动和交流。例如，最近我家女儿要上幼儿园了，实际上她对幼儿园是非常抵触的，而她又是一个挺固执的小姑娘。如果按照很多经典的入园绘本，比如说《妈妈来了》《魔法亲亲》《小兔子上学了》等原有的故事情节去讲，可能她只是机械地听，而不会感同身受，甚至还会反感。在我发现她对于这些小动物们去上学的故事根本不感兴趣之后，我就把重点放在“你看小兔子和你一样，它也不敢自己一个人去上学，那我们一起来想想这个时候它该怎么办呢”上面，她就会自己想办法来告诉我。再比如，我也会问她：“小浣熊一个人去上学的时候，浣熊妈妈给了它一个什么，它就不哭了？”让她自己去看去找答案，那么她就会告诉我：“小浣熊的妈妈给了它一个魔法亲亲。”甚至接下来她可能还会问我：“妈妈，你要不要也给我一个魔法亲亲？”那我们可能就会就这一个办法来玩小游戏，再继续深入讨论：“为什么有魔法亲亲它就愿意去上学了呢？你去上学的时候，我也给你一个魔法亲亲，你觉得可不可以呢？那你去上学的时候，我也想你，你要不要也给妈妈一个魔法亲亲呢？”

在日常生活中，我有另一个小办法：家长可以在平时对读完的绘本经常进行复述，或者互换角色，进行角色扮演。我们有时候会坐车出去玩，利用这个碎片时间，让她和妈妈角色互换，给妈妈讲个故事。现在我们家女儿已经能够很好地把小蝌蚪找妈妈这种小的、简单的故事讲给我听了，甚至讲给她的玩具们听。所以还是那句话，你们在一起读绘本的时候，怎么读、如何交流，远比你们在一起读了什么更重要。而至于您说的孩子对于绘本的偏好，我想每一个孩子的兴趣都是不同的，不能苛求。很多小男孩会更喜欢军事、科学、武器；很多小女孩就更喜欢洋娃娃和过家家，这些可能都是天性和自己的兴趣爱好使然，循序渐进地引导即可，没有人能够做到十全十美，也没有谁长大之后就是全才。

问题 2

宝宝3岁半个月，s、c、sh、ch这种音还是发不准，多次纠正都无效，请问老师有什么有效方法吗？

回答 2

有一些语音，对于一部分宝宝来说，学起来就是会相对困难一些，意思就是他发育得会晚一些。另外，受到外部环境的影响，每个宝宝语音的发展又有自己的特点，这些其实都是宝宝语言发展阶段的正常现象。就像刚刚文中讲的那样，我自己的女儿三岁了，所有的双唇音加上“i”这样声母和韵母需要配合的音，她都不会说。再比如，我们院子里和女儿同龄的小男孩好像永远都不会说“刮大风”，总是说“刮大哄”，其实这些都是很正常的现象。这跟经常和他在一起的大人的发音，还有他经常接触到的一些语言环境，以及他自身发育器官并未完善，都有很大的关系。

我觉得在这个时候，千万要对宝宝有耐心，不要粗暴地去纠正，那家长可以做什么呢？首先，家长要做到自己准确发音；其次，就是要在他能够接受的时候，循序渐进地根据发音的规则做出示范和引导。比如，我女儿不会发这个“mi”的音，有时候我就会用带读法。我说：“苗苗，你会喊妈妈吗？”她会说：“妈妈。”我说：“你说一个mo。”她会说：“mo。”我说：“你再说‘yi’。”她会说：“yi。”我说：“你说‘mo-yi’。”接下来我可能就会跟她讲：“来，咱们一起做个游戏吧，把‘mo’和‘yi’连在一起，看谁说得快。”说着说着，就变成了“mi”，她自己会惊喜地发现“mi”是这样发出来的。再大一点，她能够更清楚地明确你的指令，你也可以跟她说要发“mi”这个音的时候，嘴唇要紧紧地闭上，然后猛地张开。

但是有时候，孩子可能不太能理解大人这种指令或者对于发音的描述。这个时候，我刚才说的这种带读法其实也是很有效的。当然，这种方法不会一次有效，毕竟他们的年龄在这里，他们的发音器官也没有那么成熟，整个的发音基础还不完善，所以我觉得先不要心急，在生活中多引导他们，但是一定不要揠苗助长，要知道，即使是5岁的孩子也会有很多的音发不好，这些都是非常正常的现象。

问题3

老师您好！我家大宝5岁多了，从4岁开始，好像有点嘴巴跟不上脑子，讲话结结巴巴的，中间特地训练他要先想好再说出来，效果有那么一点点。现在仍然时不时结巴，但他的词汇量还算可以，我在跟他交流的时候也一直注意用不同的词轮换着说。可不知道为什么，他说话还是会打结呢？班上已经有小朋友笑他，对他也是有打击的。请问有什么方法可以矫正？

回答3

首先，刚刚我在文中已经提到了，每个孩子语言发展的阶段都是不同的，有的确实要早一些，有的确实要晚一些，有的孩子确实一着急就容易说不清楚或者结巴，这些其实都是常有的现象。但是家长必须要对这种情况进行密切关注，并且加以判断。我觉得您做得很好，首先您已经关注到孩子表达跟不上自己思维的这种情况，我觉得可以继续密切关注——他出现这样的情况有多频繁？是因为太着急说话呢？还是真的有一些病理现象？

如果这个现象并不常常发生，而且在熟人面前或者说话慢的时候就不会出现，那我觉得是不需要担心的，要多给孩子一些鼓励和引导，多做训练。要跟幼儿园的老师沟通，请他去协调一下小朋友们之间的交流和沟通方式。我觉得做到这些，慢慢地引导，孩子就会好很多。但是，如果您觉得自己不能够判断，那我还是建议您带孩子去更专业的儿童医院来确诊一下是否有病理上的原因，如果有，尽早进行干预和治疗。

问题4

我是在职妈妈（平时宝宝只能给爷爷奶奶带），那么，父母如何利用空余的时间去锻炼宝宝的语感（中文和英文）呢?

回答4

其实在我国，老人带孩子的情况不在少数。在这种情况下，最害怕的就是老人平时不和孩子说话，家长下班之后也累得不行，不愿意和孩子进行交流，所以，一个负责任的家长，还是要做到两点。首先，要让老人意识到和孩子交流的重要性，多带孩子出门，多让孩子有这种语言环境；其次，家长一定要利用空余的时间做一些力所能及的引导，相信经过持之以恒的交流，你家宝宝的语言能力一定能够飞速发展。

问题5

宝宝22个月了，只会说简单的几个字，跟着学大多只能跟后面一个字。

回答 5

根据前面讲的儿童语言发展的阶段，可能你家宝宝目前还处于双字句阶段，他还没有进化到能够很好地连词成句的成熟阶段。首先，要保护好宝宝的发声器官；其次，要多和孩子互动，陪伴孩子进行亲子阅读、亲子聆听，可以看些亲子动画片，但一定要注意控制时间，并且要和孩子进行互动，来帮助孩子创造一个良好的语言、学习环境。家长必须耐心地引导孩子、帮助孩子，对孩子进行训练，孩子才能在语言发展上有所进步、有所成长。

4 结语

最后，总结一下，无论在哪个阶段，我们引导孩子语言发展的原则都是：

1.尊重孩子语言的发展规律，保护孩子发声、学习词汇的积极性；

2.和孩子一起当“小话痨”，不断输入有效词汇和表达方式；

3.针对孩子每个阶段的特点，从游戏出发、生活出发，帮助孩子拓展词汇、丰富表达。

Chapter 5

第5章

情绪脑

搭建孩子的社会能力，离不开父母的“脚手架”

孩子的社交能力是如何发展的？当孩子走出家门，和其他孩童发生互动之时，社交就开始了。然而，社交知识不会写在纸面上，也没有学校专门教授它。从一个几乎不懂得如何与人交往的婴孩，成长为一个拥有丰富社交技能的“小大人”，家长的支持作用不容小觑。你该如何帮助孩子书写这本看不见的社交手册呢？读一读本章内容，学习如何成为孩子的社交“脚手架”吧。

1 什么是“脚手架”

2岁的孩子爬到滑梯口，孩子想试试但害怕了，这时你会怎么做呢？

A：让他自己自由尝试

B：扶着他的整个身体滑

C：伸出一个手指头拉着他

如果父母伸出一个手指头，同时注意在滑梯下方进行保护，孩子就敢尝试滑下来，这就是适当的帮助。如果孩子还不敢滑呢？父母就给孩子两个手指头、三个手指头或者一只手的帮助，或者带孩子去看其他同龄孩子怎么滑。等到他敢于尝试，基本掌握了滑梯的技巧后，再逐步减少对他的帮助，最后他就能完全“靠自己滑下来”。

★ 选择A的父母，通常是自由放手型。

给孩子很大的探索自由，但孩子很有可能坐在滑梯口一直不敢尝试往下滑，或者下滑时控制不好身体，受到惊吓，很长时间都不敢再尝试了。

★ 选择B的父母，通常是过度保护型。

虽然保证了孩子的安全，但孩子的动作技巧在过程中没有得到提高。下一次坐上滑梯，他的眼光就会到处寻找父母的手臂，如果没有父母在场托着他，他还是不敢尝试。孩子习惯了依赖，就变得离不开父母了。

★ 选择C的父母，通常给予孩子恰当而必要的帮助。

虽然只是临时的帮助，一旦孩子基本掌握了技巧，随时准备撤除，就像建筑施工期间需要“脚手架”一样。“脚手架”常常比建筑物要高一些，在建设期间为建筑工人提供各种物质和资源，一旦建筑物完善了、成型了，“脚手架”就要被逐步拆除。

心理学家维果斯基说：“孩子今天通过合作能做到的，明天他将能够独立完成。”“脚手架”是改变支持的水平，以符合孩子的认知潜力。你可能有点怀疑，孩子学滑滑梯，相对来说，这只是简单的动作技能；更复杂的，如孩子学数学、写作文等，也能用“脚手架”的方法吗？用这种方法用来提高社会能力也行吗？的确，越复杂的领域影响因素越多，但“脚手架”的方法仍然适用，用得好，就能促进孩子更快、更好地发展。

举一个小学一年级孩子看图写作文的例子。图上画着半个升起的太阳，还有一条毛毛虫，正在树枝上啃树叶。

刚上小学，孩子还没学会如何完整地表述，如果老师或家长要给孩子搭“脚手架”，可以先问孩子几个小问题：

谁：毛毛虫小清

做什么：吃树叶

什么地方：树枝上

什么时间：早上7点

让孩子将上述几个回答连起来，写成句子：在早上7点，毛毛虫小清爬到树枝上吃树叶。

事先问的几个小问题，帮孩子厘清了图里的主要内容，降低了他的表述难度。等他熟悉并掌握了这个方法后，哪怕没有事先安排好的提问，他也学会了自己设问，自己回答，并表述出来。这其实就是“脚手架”在作文教学中的作用。

大家可能知道，孩子在学习新事物时存在“三个区”(见下图)：

- ★ 舒适区：他已经知道的知识、掌握的技能，很轻松就能应对，但有时也容易厌倦；
- ★ 挑战区：对他来说有些困难，但在有经验的老师和家长的鼓励和指导下，他可以掌握难点，“跨越”难关；
- ★ 恐慌区：如果对知识和技能的要求远远超过了他现在的能力，他会感到害怕、恐惧甚至退缩。

学习新事物的三个区域

舒适区	挑战区	恐慌区
熟练掌握的知识/技能	对孩子来说比较困难，但在有经验的老师的引导和鼓励下可以掌握	暂时还无法掌握的知识/技能

显然，对一年级的孩子来说，如果一开始就直接让他写完整的句子，他肯定会丢三落四，并且会因此积累很多对于写作的挫败感。

下面总结了“脚手架”的特征：

- ★ 发生在孩子和技能比他高的家长/老师间的互动；
- ★ 孩子所学习的内容，相对于孩子来说，是来自“挑战区”的内容；
- ★ “脚手架”是临时的、可调节的，意思是，家长或者老师给孩子提供暂时的支持和指导；
- ★ 一旦孩子变得熟练后，家长或者老师的支持和引导就要逐步撤除。

那么，家长如何用“脚手架”来帮助孩子“搭建”社会能力呢？

2 3~6岁孩子的社会能力瓶颈

举个孩子无法加入小伙伴游戏的例子。小文和小明两个小朋友用乐高建了模型船“出海捕鱼”，他们用灰色的积木组合成鲨鱼，用粉色的小块搭成章鱼，用两只渔船围着捕鱼。这时，第三个小朋友——五岁多的小鸿来了，他在旁边看着小文和小明玩得那么开心，自己也想参加，眼巴巴地问他们：“我能和你们一起玩吗？”

结果，小文和小明冷冷地回答：“我们忙着呢！”小朋友说话总是这么直接，他们大概是真的忙，或者根本没仔细听小鸿说了什么，就这么敷衍了一句。

小鸿听到后眼圈红了，也不敢再问他们。他低着头走到一边，却还忍不住回头去看。

这时候，如果你是小鸿的家长，该怎么帮孩子呢？像小鸿开始那样问“我能玩吗？”其实成功率往往比较低，因为这个问句本身就给了别人拒绝的机会。观察其他孩子在玩什么不如考虑自己加入能做些什么，这样被同伴接受的可能性才更大。家长可以把孩子拉到一边，悄悄地问孩子：“他们在玩什么呢？”家长要帮助孩子了解别人正在干什么，以及孩子能干什么，让孩子学会思考别人的目的和意图。小鸿可能回答：“他们在玩渔船捕鱼。”家长可以接着问：“那你可以做点什么，去参与他们的游戏呢？”小鸿想了想：也许用乐高积木搭一艘小船，或者去找根长线来“钓鱼”，还可以用剩下的灰色和黑色乐高积木做几条马鲛鱼。然后，拿着自己做的乐高道具，慢慢靠近小文和小明的船队或鱼群。这样，一点点地融入其他孩子，玩着玩着，就容易和其他孩子玩在一起了。

在这个例子中，小鸿一开始不太能理解他人的行为和意图，同时也缺少灵活的计划和应变准备，因此，遇到了社会交往的瓶颈。

除此之外，还有些孩子，他们不能理解他人的感受，或者无法预估自己的行为所造成的后果，这些也是儿童在社会能力发展过程中常常遇到的瓶颈。

在社会能力发展过程中的瓶颈包括：

★ 不太能理解他人的行为和意图；

★ 缺少灵活的计划和应变准备；

★ 不能理解他人的感受，无法预估自己的行为所造成的后果。

例如，有一天，爷爷没睡好，做了晚饭后很疲劳，孙子还一直拉着爷爷陪他玩。尽管很累，爷爷还是勉强从沙发上站起来陪孩子。这个时候你可能很生气，训斥孩子怎么一点都不体谅爷爷。孩子可能会在你训斥之下唯唯诺诺地退缩，但在这么做的过程中，家长并没有引导孩子去体会他人的感受，而缺少对他人感受的体会，孩子就无法发展出更好的社会交往能力。

家长可以怎么做呢？家长可以引导孩子去观察爷爷的状态，并问他："你看爷爷今天跟以前有什么不同？动作是不是比较缓慢？是不是看起来比较累？"家长可以鼓励孩子自己去问问爷爷："爷爷感觉身体怎么样？"并问孩子："如果爷爷很累，你硬要拉着爷爷陪你玩，爷爷会有什么感受？"

孩子永远是成长的主体，因此，家长要不时提醒自己，问问自己：在你和孩子的对话过程中，是谁在感受？谁在思考？最后是谁在尝试计划和实施？答案如果是孩子自己，那说明方向对了。答案如果是父母，那说明仍是父母在替代孩子感受、思考和决定，即便有了"解决方案"，仍不足以真正促进孩子提高社会交往能力。同样，有些家长希望培养孩子的亲社会行为，但如果仅针对行为，却没有进一步促进孩子对他人感受的体会，效果则会大打折扣。

例如，为了让孩子更愿意分享，每当孩子给小朋友分享一次玩具或者零食时，家长就大加表扬或给予一定程度的奖励，结果很可能是只有家长在场的时候，孩子才乐意和小朋友分享，家长不在的时候就不分享了。当孩子欺负其他孩子的时候，家长也应尽量让自己的孩子理解别人的感受，并让孩子学会预估不良行为的后果。

很多家长习惯这么质问孩子：“说！你错了吗？”指责或呵斥孩子直到孩子认错为止，实际上，这样做对孩子帮助并不大。孩子可能只是为了逃避惩罚，才赶紧承认错误，敷衍了事，其实根本没有往心里去。如果家长借此机会，促使孩子体察他人的感受，那么孩子今后再去欺负他人的可能性会降低。而且，孩子的改变是发自内心的，不需要外界的威逼利诱，这就是体察自己和别人感受的重要性。

3 父母如何科学地搭建“脚手架”

那么，如何增强儿童的情绪感受和表达能力呢？语言作为“脚手架”的工具之一非常重要。对低年龄孩子来说，他们对关于情绪的词汇的理解能力还比较弱，家长可能觉得自己都讲过好多遍了，可是孩子仍然没有听懂。因此，家长还需要给孩子提供更多的情绪词汇练习，这有助于孩子表达自己的情绪，也会增强孩子对他人的理解能力。

借助绘本或动画片和孩子做些练习，鼓励孩子的情感表达

例如，在阅读绘本《托马斯和朋友：和小火车一起交朋友》时，家长可以引导孩子："摄影师在给大家拍集体照时，旁边的小火车突然跑上来，挡住了托马斯的脸，如果你是托马斯，会有什么感觉？"绘本《我的感觉》系列可以帮孩子了解各种感受，并让他们学会接纳感受以及如何调节感受。比如其中一本《我好嫉妒》里谈到在什么场景下会感觉嫉妒，"我好嫉妒，在我的朋友和别人一起玩的时候。我要我的朋友最喜欢我。"这本书可以帮助孩子了解到，嫉妒是一种刺刺的、热热的、讨厌的感觉。我们不喜欢嫉妒的感觉，但嫉妒是正常的情绪，每个人都会有。小孩会嫉妒，大人也会嫉妒。而家长要做的，是引导孩子去提升自己，而不是去贬低别人。

让孩子多体会家长的感受

比如，你的孩子和小伙伴搭乐高，两个人在客厅里玩，零件散落得到处都是，桌子下、沙发下都有。你可能会很生气：“这么贵的乐高零件，你随便丢，一点也不体谅大人的付出，以后不给你买了！”家长希望由此让孩子学会爱护玩具，但威胁只会让孩子害怕，对体会他人的感受帮助并不大。

家长可以用“我信息”[①]的方式让孩子知道自己的感受，用描述和感受来代替批评：“我看到乐高零件散落在各个地方，觉得很失望，还有点生气，因为买乐高要花很多钱，零件少了，以后就拼不起来了。”或者直接引导孩子体会父母的感受，问孩子：“爸爸妈妈给你买了这么贵的乐高，看到它们散落在很多地方，你觉得我们是什么感觉？”

《小饼干的大道理》一书通过分饼干的形象场景帮助孩子理解公平、不公平这些大概念，也有助于孩子理解日常对话。家长还可以用玩偶演绎平时的生活，例如，

玩偶兔子：“我觉得很难受。”

玩偶鸭：“为什么？有什么事吗？”

① “我信息”由心理学家托马斯·戈登提出，如希望进一步了解，可参考图书《父母效能训练手册》。

玩偶兔子："分水果的时候，我的那份最小。"

问孩子："你觉得兔子会有什么感受？"

孩子可能回答："伤心，觉得不公平。"

家长再问："还有其他你觉得不公平的时候吗？"这样能引发孩子讨论生活中觉得不公平的场景。

鼓励孩子表达多重的情绪和感受

很多孩子都有过如下的经历和感受："在幼儿园的演出中，老师点名让我上台去表演，我感到很骄傲，但是我又担心到了台上，底下那么多人看着我，我会紧张地记不住台词，到时就会有很多小朋友嘲笑我。"

这种感受很复杂，如果孩子能够表达得越细腻，那么，他体察别人的感受就能越准确，这是很重要的。凡是出现两种或两种以上情绪的场景，就是家长教育孩子的最好时机。我们可以着重强调给孩子积极方面的感受，就像上台表演这样的例子，家长可以劝导孩子，并告诉他，他的担心是很正常的，但是家长要多强调积极的方面，可以问孩子："你为什么感到很骄傲？"

"因为有很多小朋友想上台表演，老师最后选了我。"

家长可以接着询问："那老师为什么选你啊？"

"可能我表演得很到位，老师觉得我可以上台演出了。"

家长这样一步步询问，慢慢为孩子增加自信，最后还可以跟孩子建议：“看看可不可以把台词分成几个小部分来记。”有时候，单纯处理负面的感受是很困难的，但是以正面感受来引导，就会收效显著。

除了情绪词汇之外，家长还可以让孩子熟悉和事件发生有关系的词汇和句式，如“一边……一边……”“如果……那么……”等[①]，这样也能为家长帮孩子搭建社会能力的“脚手架”创造重要条件。比如，妈妈在厨房做饭的时候，孩子想让妈妈和她玩游戏。妈妈可以问孩子：“我可以一边炒菜，一边和你玩游戏吗？”孩子往往就会回答：“不行。”妈妈可以继续问：“那什么时候妈妈可以和你一起玩游戏呢？”“妈妈，你炒好菜之后，你愿意来和我玩吗？”妈妈这时可以回答：“炒完菜，我可以和你玩十分钟。”

除此之外，如何用简单的词汇练习来帮助孩子提升社会交往能力呢？

5岁的小文和妈妈抱怨姐姐小莉总不和他玩。姐姐小莉比小文大2岁，她正在画芭比娃娃，边画边编故事。“你愿意和我一起玩吗？”小文兴冲冲地拿着一本折纸书过来说，“这本书的纸飞机好酷，要不要一起折？”小莉说：“我现在忙着呢！”小文沮

① [美]默娜·舒尔：《如何培养孩子的社会能力》，京华出版社，2009年8月。

丧地走开了。

在学了关于时间的词汇后，小文就明白，自己不需要沮丧地走开。可以接着询问姐姐："等你画好之后，愿意和我一起折这本书里的纸飞机吗？"这时，姐姐小莉可能就会回答："愿意"。可以看到，借助"等你做完……之后"这样的说法去询问姐姐陪玩的意愿，小文更有可能得到自己期待的答案。

怎样通过故事教育"爱打人"的孩子

对于"爱打人"的孩子，你会用什么方式来教育呢？严厉惩罚吗？无效。这只能让孩子感觉到谁最强大谁就能掌控对方。暴力无法培养好孩子，只会让孩子学会用暴力解决问题。讲道理吗？大多数时候也无效。道理听多了，像手上长了茧一样，不管父母怎么唠叨，孩子慢慢就没感觉了。

其实，这些孩子也很期望交朋友，没人跟他玩的时候，他也很难受。只是，他不知道怎样更好地和别人玩。一旦别人不理他，他就报复，这样别人就更不理他，陷入恶性循环。

幼儿教育专家苏珊·佩罗建议，这时不妨让孩子们听下面这个张牙舞爪的小螃蟹的故事[①]。

① [澳]苏珊·佩罗：《故事知道怎么办》，天津教育出版社，2011年8月。

在海滩上的一群伙伴中，小螃蟹可不那么讨人喜欢。它总是张牙舞爪的，动不动就伸出钳了使劲乱夹，大家都烦透了。有天，乌龟请大家一起来想办法，让小螃蟹不要再乱夹了。八爪鱼、海星和海鸥都来出主意。八爪鱼说：“我们要把它的钳子剪掉！”八爪鱼的一只触手上星期刚被夹了一下，现在还没好呢。海星说：“也许我们应该拿胶水把螃蟹的钳子粘起来。”它有两条星星腿特别短，正是拜小螃蟹所赐。“或者用特别结实的绳子，把它的钳子绑在背上！”海鸥说，它的脚今天早上刚被小螃蟹夹了一下。“我们不妨帮帮小螃蟹，让它学会不要伤害朋友。”乌龟说。在海滩上的伙伴中，小乌龟是最能理解和体谅朋友的。“乌龟，你这个主意很好。可是在它学会之前，我们怎么办？”朋友们担心起来，它们实在受够了螃蟹的坏脾气，也不相信螃蟹能学会不伤害别人。

乌龟在沙滩上慢慢地来回爬，用它那乌龟的智慧思考着。忽然，它在一堆海草旁边停了下来。“我有办法了！”它向大伙儿宣布，“我要用海草织一副厚厚的手套，让小螃蟹戴在钳子上。这可以帮助它学会小心。”乌龟为自己的办法而兴奋。它赶紧回到水洼边的岩洞里，去取那对用浮木做成的织针。朋友们也很不情愿地答应去收集长长的海草。等乌龟回来，已经有一大堆海草等着它了，它马上就为螃蟹织起手套来。

第二只手套刚织完，小螃蟹来了："伙计们，你们在干吗？"。它确实很好奇大家一个上午都在忙什么。乌龟赶紧说："小螃蟹，我们有一份礼物要送给你。"它拿出手套，让小螃蟹试一试。小螃蟹太惊讶了，它呆呆地站在那里，它从来没有收到过礼物。它立刻把手套戴上，不大不小正合适！

那一天剩下的时间，沙滩上的朋友们在一起玩耍着——没有夹，没有打，只是快快乐乐地在一起。小螃蟹的朋友们简直无法相信！小螃蟹也觉得不可思议。对于小螃蟹来说，那一天发生了一件奇怪的事情——有了手套之后，它的钳子温暖而又舒适地待在里面，它再也不像以前那样老想夹东西了。当然，肚子饿的时候，小螃蟹得把手套脱掉，去水洼里觅食。但每次去找朋友们玩耍之前，它都会小心地戴上手套，遮住自己锋利的钳子。手套似乎能帮助它快乐起来，也让它变得更加小心。

不过，水草手套总有烂掉的时候。有一天，那满是洞洞的手套从小螃蟹的钳子上掉下来，被海浪卷走了。这时候，小螃蟹已经学会了只用钳子去觅食和吃东西。和朋友们玩耍的时候，它总是让钳子紧紧地合在一起。

乌龟的智慧给海滩上的朋友们留下了深刻的印象。从那以后，它们不管遇到什么问题都会去请教乌龟，而乌龟通常都能想出一个好主意。

看，帮助小螃蟹提高社交能力的方法，不是暴力，不是批评，而是送上一副充满友爱的手套。这副手套让小螃蟹打心底里懂得了“要控制锋利的钳子，大家才能快乐地一起玩”的道理。

故事比批评教育更有效

为什么故事比批评教育有效？因为直接批评，会让孩子下意识产生以下行为：否认（不是我干的）；防御（今天我累了，不想谈这事行吗？）；应付敷衍（我只是和他们玩玩，不是故意的）；找理由推脱责任（是他们不和我玩，我才碰他们的）。

而故事的方式不但有趣，而且是在说第三方，不是孩子本人，这让孩子减少了防御感，同时通过形象、简洁的隐喻来促进孩子领悟。

例如，在螃蟹的故事中，螃蟹的钳子隐喻着不受约束的力量或攻击性，乌龟编织的手套隐喻着爱、关心和友情，同时也隐喻为对不良行为的限制（手套是温暖的，在接纳的基础上对行为做出适当限制），让孩子在与同伴相处的过程中拓展新的行为模式，体会正面的成效（戴上手套，小伙伴都愿意和它玩了）。

敏感的孩子听到故事会有所触动，从而改变自身行为。如果孩子听了故事没反应，怎么办？倘若孩子听了故事却没有意识到与自身行为的关联，父母则可以适时把孩子“拉进故事中”，促进他领悟。

例如，父母可以问孩子：“为什么故事一开始的时候八爪鱼、海星、海鸥都很生小螃蟹的气？”“如果你是小螃蟹的朋友，你会想什么办法来帮助它呢？”促进他对受伤害小伙伴感受的理解。让孩子站在帮助别人的立场上，而不是作为一个犯了错误要被人批评的角色。这时，孩子更愿意为“错误行为”提出建议，会比较乐意思考，而思考和提建议的过程其实也是对他自己进行“认知重构”的过程。

“当乌龟说要给小螃蟹送份礼物的时候，为什么小螃蟹那么惊讶？”“为什么小螃蟹呆呆地站在那里？”“为什么小螃蟹终于能管好自己的钳子，也能和小伙伴们一起玩得那么开心呢？”这些提问也能促进孩子对小螃蟹内心感受的理解。

培养孩子的亲社会行为，重要的是提升孩子对他人感受的敏感度及对行为后果的预估能力。通过故事的隐喻，以及读完故事后父母的引导，就能营造出接纳孩子、轻松有趣的氛围，在这一氛围里，家长逐步引导孩子理解自身和他人的感受，提高孩子预估行为后果的能力，促进孩子的亲社会行为。

4 案例分析

小栋是一个上幼儿园中班的小男生，妈妈接他回家后，就接到了小轩妈妈的投诉电话。小轩妈妈抱怨：“你家小栋不让游戏区的其他男生和小轩玩，到现在小轩还难过呢。”

小栋妈妈该怎么处理呢？直接质问儿子“你怎么可以不让大家和小轩玩”？这种态度就好像已经掌握了真相一样，像是在审判孩子，这样是无法促进孩子思考的。

以下是适合的方法：

妈妈：“小栋，今天在幼儿园你和小轩发生了什么不愉快的事吗？”

小栋：“在游戏区扮演乐高幻影忍者时，我扮演英雄杰，让他扮演加满都魔王，他气呼呼地说不和我玩了。”

妈妈：“那你有什么感觉？”（理解孩子的感受）

小栋：“我也不高兴。”

妈妈：“你认为他是不想跟你玩呢，还是不想扮演加满都魔王的角色？”

小栋："我不知道。"

妈妈（语气不带威胁，帮他回忆）："还记得你后来对其他小朋友说了什么吗？"

小栋："我告诉他们，那就不要和小轩一起玩了。"

妈妈："你认为小轩的感觉是什么？"（帮孩子理解对方的感受）

小栋："生气。"

妈妈："你是希望以后永远都不和小轩玩了吗？"（让孩子预估行为的后果）

小栋沉默了。

妈妈："如果小轩不想扮演加满都魔王，他想扮演什么？"（让孩子理解他人的愿望）

小栋："他想扮演英雄凯，可是这样的话，就没人扮演魔王了啊，我们就没有办法打坏蛋了！"

妈妈："如果让你扮演坏蛋，你感觉会怎么样？"（让孩子理解他人的感受）

小栋："不高兴。"（小声）

妈妈："有没有什么办法，可以让小轩扮演他愿意扮演角色，大家可以一起玩？"

小栋："那我和小轩说下次一定让他扮演英雄凯，可以吗？"（想出一种方法）

妈妈：“嗯，你可以试一试。还有什么其他方法吗？”

小栋：“或者我们都扮演忍者，我扮演杰，他扮演凯，大家一起合作去攻克后山那个被蛇怪占领的王国？我们可以假定后山的那棵大榕树是魔王。”（想出第二种方法）

妈妈：“嗯，这又是一种方法。”

在搭建“脚手架”的对话中，孩子不一定会马上改变，但家长推动孩子更多体会他人的感受，跳出原有的模式，想出更多的应对方法。重要的不是结果，而是思考的过程。引导孩子如何思考，教孩子如何评价自己的想法，并学着预估事情的后果，鼓励孩子想出更多不同的解决方案。

每个孩子都有自己的行为模式，如攻击倾向强的孩子惯于用武力来解决问题，怯弱的孩子往往通过退缩来回避问题。推动孩子们思考更多不同的策略可以打破固有的思维模式，找到更优的解决之道。

在对话中，父母要特别注意，无论孩子说出何种方案，都应暂时“接受”，不过多评价，鼓励孩子思考更多的方案。如果听到不合适的马上批评——“这怎么行？！”方案一下被否决，孩子就不愿意再想了；如果一听到合适的方法，家长就表扬“这个想法很好”，这也并非最佳方式，因为孩子很可能就不愿意再想更多方案了，万一到时家长所认为的“很好的方案”执行不顺利，孩子又会有何感想呢？合适的做法可以如小栋妈妈那样——

接受和鼓励："嗯，这是一种方法，还有其他的方法吗？"

孩子容易低估在实施中遇到的困难，一旦事情和计划不同，他们容易受挫、生气、沮丧，甚至放弃。多一些"预案"，计划成功实施的可能性就增加了。

5 家长问答

问题 1

我家润润其实很喜欢跟小朋友玩。但是，有时候处理不好，反而导致他不愉快。有一天，院子里一个小伙伴邀请他去家里玩，我在路上就告诉他要守规矩、讲礼貌，对方孩子也大方地分享玩具给润润，当天玩得还不错。可是第二天，我为了帮助他发展友谊，提议他邀请对方来我们家玩，他同意了。刚开始他表现得也挺好，后来就变成对方孩子想玩他的哪个玩具，润润也要抢着玩。屡次提醒也不听，最后玩得有点疯就想动手，还把一把积木扔到对方孩子身上了。人家奶奶就不乐意了，友谊的小桥又没搭成功。真想给他找点合适的、长久的玩伴，可是真难啊！可能我也是不擅长社交的妈妈，很多时候觉得自己处理得也不太合适，需要专家的指导。

回答 1

这个场景描述得很真切。我注意到第一次到对方家，是玩对方孩子分享的玩具，这自然比较和谐。第二次到自己家，分享的却是平时自己玩的玩具，或者更准确地说，是属于“我”的玩具，现在却落在他人手里，心里更不容易接受。特别看到对方或许还发展出了新的玩法，或许其中还有几个玩具是自己特别珍惜的，就更不愿意让玩具落入他手了。

怎么办呢？建议在孩子做得好的时候及时给予肯定，如对方孩子刚来5分钟的时候相处还不错，这时给他肯定，他就能再与对方多和平相处一段时间。这比等到孩子和对方抢玩具的情绪上来的时候再讲道理，效果要好多了。

孩子表现好的时候及时肯定比表现不好事后批评教育重要得多。

此外，建议事先可以做些预演，如扮演小朋友到家里来可能会发生的情景，如对方会拿玩具等，有哪些特别宝贝的玩具可以事先收起来，挑选可以分享的玩具放在外面等。

我还特别建议家长们不要把孩子看成非黑即白的，孩子的社会能力也不要只分为好和不好两种，最好把它看成0～100分中间的某个“位置”。润润妈，你觉得你的孩子和朋友相处的能力会有多少分值呢？或许你评估有70分，那么，再改善一下，分数会越来越高的。

问题 2

老师你好，我家女孩两岁，在小区里遇到认识的爷爷奶奶，让她叫爷爷奶奶从来不叫！家里来了客人，让她打招呼，也从来不叫，而且紧跟在妈妈的身边。平时也和小朋友一起玩，在家里什么都会说，就是出去碰到人多的地方，别人和她说话，她就不回应，请问老师我们该怎么引导呢？

回答 2

两岁的孩子还处于依恋期，安全依恋的孩子和妈妈黏得比较紧，不放心妈妈离开。见到不熟悉的陌生人会比较焦虑和警惕，也不容易开口。从你的描述来看，属于正常情况，何况她的性格也可能偏内向些，所以打招呼会更困难些。不用担心，再观察一段时间，如果之后需要调整，总的原则仍然是先接纳，再改善。

问题 3

我家女娃快五岁了，跟她到小区广场去玩，她看到别的小朋友结伴，也想加入，可是就只会自己站在人家面前，或者像个小跟班一样跟在小朋友后面跑，不知道怎样融入。我该怎么帮她呢？

回答 3

如果你女儿和年龄大一点的孩子玩，出现这种小跟班似的情况倒正常。因为大的孩子更会玩，点子多，能力也更强一些。但如果是和年龄差不多的孩子，却始终不知道怎么融入，可以试一下本章谈到的方法，平时你可以搭个“脚手架”，引导孩子去想想其他小朋友在玩什么？如果加入可以贡献点什么让游戏更有意思？这对她以后融入小伙伴的游戏会有帮助。

问题 4

女儿**5**岁，**3～4**岁时特别不怵场。最近半年遇熟人会装看不见，别人主动叫她，她会害羞，低着头笑。原来参加什么活动都主动要求表现，现在常躲在后面。在排队时总被挤在后面，不争也不抢。平时跟家人关系很好，也很擅长表达爱。为什么越大还越放不开了呢？我们应该怎么做？

回答 4

看到这个问题，我的第一个反应是你的孩子在幼儿园是不是发生过什么事？你可以和女儿或其他家长聊聊。假如没有，在孩子**4～5**岁会出现观点采择能力的变化，也会导致这种变化。所谓观点采择，就是假设站在对方视角的能力，三四岁的孩子比较以自我为中心，很难从他人视角来看自己；而5岁孩子就厉害多了。大家如果和孩子玩过剪刀-石头-布的游戏，就可以体会到孩子在这一两年内发生的变化。3岁的孩子傻乎乎的，之前如果出剪刀赢了，接下来还会继续出剪刀；而5岁的孩子就比较“鬼”了，刚才出剪刀赢了，会想“你猜我会继续出剪刀，所以会出锤子，但我偏不！”因此，这个年龄的孩子会站在对方的视角来看自己了！这个年龄的孩子也可能会更不好意思，也就是你说的放不开。

问题5

孩子在幼儿园班里是最小的，有时会被大一点的孩子排斥在游戏之外，孩子很想参加他们的游戏，却屡次遭到排斥，我该怎么帮助孩子呢？

回答5

首先得承认，幼儿园里最小的孩子和最大的孩子年龄差将近一年，身体运动能力、认知和社会能力的差距都比较大。小孩子是比较容易处于跟从地位的，有时会被一些大孩子排斥。这时候，你可以帮助孩子提高他吸引同伴的能力。

如何能让孩子有吸引同伴的能力呢？除了身体运动技能强、游戏的点子多之外，本章谈到的鼓励孩子表达、鼓励他去理解其他孩子在玩什么、想着怎么加入游戏会更有意思等，都能提升吸引同伴的能力。同时，适当多接触一些儿童的文化资源（如幻影忍者、海底小纵队等），也会增加一些话题。

6 结语

儿童社会能力的发展是一个过程，家长、老师在孩子遇到困难时，要依据孩子的能力给予相应的支持和引导，在孩子基本掌握后又有意识地撤除帮助。搭建“脚手架”的目的是逐步培养孩子独立应对社会交往中遇到的各种困难的能力，获得社会交往的自信，并拥有良好的同伴关系。

Chapter 6

第6章

情绪脑

孩子一发脾气你就没招？

我要跟大家分享的内容是，当孩子发脾气时，家长应该怎么办。我想先请大家想象这样一个情景：

你在公园里放风筝，累了坐在长凳上休息，风筝就放在长凳上。这个时候走过来一个人，二话不说就坐在了你的风筝上。这时候，你会怎么做？你肯定会火冒三丈，跳起来质问他："干吗坐在我的风筝上？"

如果，这时候你发现他是个盲人呢？你肯定立马就"熄火"了，盲人看不见嘛，可以原谅。

想想我们为什么能控制住自己不发火？因为我们知道盲人看不见东西。

虽然这个情景挺戏剧性的，但其实在日常生活中，我们经常会碰到相似的事情。这时，我们又该怎么做呢？

比如，孩子死活要吃冰激凌，问题是他今天已经吃过一根雪糕了，我们多数人肯定会拒绝他，告诉他吃太多冷饮会闹肚子。可他哪里听我们的呀？躺在地上撒泼打滚。那么，接下来我们会怎么做呢？我们肯定会安慰孩子、接纳孩子的情绪，费老大劲才把他哄好。但是我们很快又发现这样一个问题：下次再遇到类似的事，孩子还是会哭得撕心裂肺，把上次的情景重演一遍。次数多了，我们会不会着急上火？

而且，现在很多家庭都与老人同住，老人肯定按捺不住，把他的老一套经验“招呼”给你：“没见过你这么惯孩子的，哪儿能事事顺着他？听我的，孩子就得靠打、多打几次、打服了，他就老实了。你看你表弟，小时候一不顺心就在地上打滚，被你姨狠狠揍过几次就再也不敢了，乖得很。”

我们肯定会觉得老人的方法不对，但是时间长了，我们还能坚守自己的理念吗？会不会在心情不好、实在没招的时候，控制不住自己对孩子打、骂、吼？

如果你知道，孩子对自己情绪的控制能力，并不会比盲人的视力好多少，会不会淡定一点？进一步讲，父母除了理解和接纳孩子的情绪外，还可以做什么来帮助孩子获得更好的情绪发展呢？

1 认识孩子的消极情绪

孩子的消极情绪很正常

在回答上面这个问题之前，我们需要先聊一聊情绪，特别是孩子的消极情绪是怎么回事。

我特别喜欢心理学家哈瑞特·雷纳对情绪的比喻：“情绪就像是打包出售的整件商品，你不能从中挑走你想要的部分，并拒绝或回避那些令你痛苦的部分，除非你丧失了某些天性。”

这个比喻告诉我们，积极情绪也好，消极情绪也好，每个正常人都会体验到。如果有人体验不到消极情绪，那他一定有功能上的问题。

一个心理健康的孩子也是一样的，他会有积极情绪，也会体验到消极情绪。而且，这种情绪转换会比大人更常见、更频繁。尤其是年龄小的孩子，经常是刚才还在大哭呢，转眼就乐了。

有意思的是，生气以后情绪激动、想打人是有科学依据的。生气的时候，人的血液会流到手部，以方便抓起武器或者攻击对方，同时人的心率加快、肾上腺素激增，为接下来强有力的行动提供充足的能量（来源于丹尼尔·戈尔曼的《情商》一书）。人类生气以后的表现是为了更好地适应和生存，只是多数时候，我们大人能控制得了自己，孩子则控制不了自己。

发脾气代表孩子的成长

另外，孩子爱发脾气还说明他长大了，变聪明了。

2岁以后，孩子的身体更协调，语言能力也增强了，他会有很多“我想干什么”“我想要什么”的意识，具体表现就是喜欢自己做事，但是毕竟能力有限，一旦受到打击，他又说不清楚，就只能哇哇大哭了。

我家二宝会走路以后，最喜欢干的事情就是拿个小板凳，踩着凳子够桌子上的热水瓶。大人被他吓得不行，每次只要他一爬上去就把他抱下来，他气得大哭。

有一次我脑洞一开，就把热水瓶藏到冰箱上面了。倒热水不方便不说，二宝一看热水瓶不见了那个哭啊，就像发现心爱的东西忽然消失了一样，特别绝望。热水瓶放到冰箱上面被全家人抗议了，我又拿了下来，二宝又因为玩不到热水瓶哭闹。后来我想了个办法把这件事解决了，这里先留个悬念，我们在后面分享。

情绪管理调节的发育晚于情绪本身

小孩爱发脾气，发了脾气又收不住，这是为什么呢？

人类的大脑有两个系统，一个是情绪脑，另一个是理智脑。情绪脑是大脑中情绪化的部分，它对应的大脑部位叫边缘系统，它的主要部分像一个被咬了一口的面包圈，环绕和包裹着脑干。它很早就发育好了，很小的孩子就有喜怒哀乐等情绪。理智脑是大脑中负责理智的部分，负责情绪管理的部分叫前额叶皮层，它在我们20岁以后才能彻底发育成熟。

理智脑是情绪管理员，在大多数情况下，理智脑会抑制强烈的消极情绪，让人不至于情绪失控，但是孩子的理智脑还没有发育好，他更容易被消极情绪控制整个大脑。这就是孩子在生气的时候，为什么既不会好好说话，又不会好好听我们说话。所以，我们需要先处理他的情绪，再处理事情，等他平静了再讲道理。

情绪管理调节是一个非常复杂的过程，要做到对情绪的掩饰和伪装，需要复杂的社会认知能力、推理能力、人际交往经验和相当好的肌肉控制能力。研究发现，2 ~ 3 岁的孩子有时候会用一些很简单的情绪调节办法：主要是向父母求助，一个人的时候有时也会转移注意力或者自我安慰。随着年龄的增长，孩子的情绪调节能力越来越强，方法越来越丰富，应用也越来越灵活。9 岁以后，孩子就会有相对稳定的情绪调节策略。

从我家大宝、二宝在生气以后的表现，就能看出年龄不一样，用的策略和成熟程度很不一样。二宝摔倒了，多数时候他会哭着跑过来让我抱他。大宝在不太严重的时候，会找人倾诉，把事情经过和感觉说出来，好像说出来他就舒服多了，然后他会想办法解决问题，比如有时候会找个有意思的事情转移一下注意力。比起二宝，大宝的情绪调节办法更丰富，也更有效。当然，他气得厉害的时候也会崩溃。

既然孩子的情绪调节是遵循着一定的年龄规律发展的，那是不是说父母可以等着孩子自己变懂事就行了？当然不行。打个比方，这就跟孩子长个子这件事一样，虽然他最终肯定会长高，但是，他的营养充不充足、饮食丰不丰富，肯定会影响他最终长高的程度。孩子情绪的发展也一样，父母对他支持的多与少，也必然会影响他最终的发展水平。在这点上，父母的作用很重要。

2 家庭对孩子情绪发展的影响

家庭主导的情绪气氛

我们常说，家庭是孩子的第一所学校，父母是孩子的第一任老师，孩子最初的情绪调节方式就是从家庭发展出来的。研究发现，如果家庭气氛温暖，成员相互友爱，那么这个家庭的孩子会有更长的时间处于快乐、满足、自豪等正面情绪里，他对自己和别人的情绪理解、调节能力就会更好。即使有消极情绪，也不会表现得过于强烈。他会使用积极的情绪应对方式，很少有攻击行为。但是，如果在一个家庭里，父母经常生气、指责孩子，孩子对自己和别人情绪的理解能力就会很差，他总觉得别人有敌意，在生气的时候，他就更容易发怒和攻击别人。

说到这一点，让我想起一件事情。去年有两个月，我家孩子的姥姥、姥爷轮番生病住院，加上家里本来就杂七杂八一堆事情，家里每个人心情都不好，平时不自觉地就对别人说话特冲，包括我自己，对孩子说话没耐心，老是大喊大叫。

有一天，大宝幼儿园班里的老师叫我去谈话，我还挺诧异，因为大宝平时表现挺好的。老师跟我说："最近大宝的情绪出了点问题，很容易暴躁。别人不小心碰他一下，他就大喊大叫，恨不得变成老虎吃了人家。别人跟他说话也经常爱答不理，也不帮助同学了，有一次同学的作业掉地上他还故意上去踩两脚。"老师让我好好找找原因。我一听不得了，赶紧召集家庭会议，提醒大家平时说话注意点，过了一阵子，大宝才恢复了正常。

父母对孩子消极情绪的应对方式

孩子经常控制不住自己的消极情绪，那么父母是怎么做的呢？心理学家艾森伯格做了很多这方面的研究，她对父母的各种反应方式进行了总结和分类，并仔细地研究了每种反应对孩子的影响，得到了大家的认可。现在心理学对这方面的研究也主要是沿用她的分类方法。

艾森伯格把父母对待孩子消极情绪的反应方式分成六种。其中，三种非支持性反应方式是忽略，惩罚，父母的忧伤反应（当孩子表现出消极情绪的时候，父母会感到烦恼和不安）；另外三种反应是支持性反应方式：第一种是鼓励孩子表达消极情绪（如鼓励孩子谈谈他的焦虑感受），第二种是关注孩子的情绪（主要是父母安慰孩子，让他感觉好点），第三种是鼓励和帮助孩子解决问题。

艾森伯格给4～6岁幼儿的母亲发放问卷，让她们选择在12个假想情景中，会使用哪种方式来应对孩子的消极情绪，并且让母亲和老师评定孩子在平时产生消极情绪时的激烈程度和调节方式。

结果发现，母亲使用非支持性的反应方式越多，孩子的情绪调节能力就会越差，情绪失控的情况就越多。他们甚至会频繁、强烈地陷在消极情绪里。如果母亲有更多的支持性反应，孩子就会用容易被别人接受的方式来表达和调节自己的消极情绪。艾森伯格推测，采用非支持性反应方式的母亲，她的孩子学不到调节消极情绪的有效办法，只能压抑自己，当积累到一定程度就爆发了。

艾森伯格还对小学生进行了类似的研究，不仅研究母亲，还研究父亲，也得到了类似的结果。如果一个小学生的父母使用更多支持性的反应，那么这个孩子就更容易被同伴接纳，有更高的合作性、责任感和自我控制能力。

所以，“孩子发脾气不要理他，过会儿就好了”这种忽略孩子情绪的做法，以及“孩子哭闹就要打”这种惩罚的做法，都不能帮助孩子学会积极的情绪管理办法，反而让他们更容易生气。

最理想的状态，是父母能为孩子提供积极、和谐的家庭氛围，同时鼓励孩子把消极情绪用适当的方式表达出来，安慰孩子，并鼓励、帮助孩子解决实际问题。

我们作为父母，不仅要做孩子情感上的安慰者和支持者，还要做孩子情绪发展的教育者和指导者。在孩子生气的时候，我们不仅需要关注他的感受，还要教会他怎么适当表达情绪，并帮助孩子养成解决问题的习惯。

3 应对孩子生气的方法

那么，这三种支持性反应方式，怎么在日常生活中应用呢？我来教您一些小技巧。

研究发现，3岁是孩子获得情绪理解能力的关键期，他们的认知能力也比以前有了很大进步。那么，我们就以3岁为界，讨论一下怎么应对不同年龄段孩子生气的情绪。

3岁以上：三步走情绪调节法

首先说说3岁以上的三种应对方式，我们分三步走：第1步：把孩子带离“案发”现场，鼓励他表达消极情绪；第2步：使用“镜面反射法”平复情绪，或者用游戏的方法转移注意力；第3步：和孩子一起想办法来解决问题。

第1步：选一个适合发泄情绪的环境

我们先说第1步，其实很多妈妈也在用。把孩子从“案发”现场带走，其实是给他一个更好的发泄情绪的环境。有时候，孩子在公共场所发起脾气来，大人会很尴尬，从而失去理智，带孩子离开能避免这种尴尬。即使在家里发生此类事情，我也坚持把大宝带到一个安静的角落，避开其他人，免得出现大家七嘴八舌教育孩子的情况。

大宝5岁的时候，我带他看一场儿童剧。他对这个演出特别期待，天天和我念叨，好不容易盼到演出那一天，剧场里却特别吵，好多孩子哭闹和大叫，大宝当时就不高兴了，一个劲儿地抱怨。演出结束后，他说要和演员合影，我俩就去排队，这时候，他就开始找各种理由发泄他的不愉快。他一会儿大叫，说别人太吵了，一会儿抢其他小朋友的画册，最后，前面阿姨的背包轻轻碰了下他的头，他立马就蹦起来：“干什么！你干吗撞我？”当时，排队的好几十个人都看着我俩，别提多尴尬了。我想赶紧拽他离开，但是他不愿意走，他还是想合影，而且他也意识到自己错了，开始哭着求饶。我蹲下来，用跟平时一样的语气和他说，我并不是想罚他，只是想把现在的情况和他说一说，保证说完就继续排队。

在一个偏僻的角落，我抱着他，和他讨论今天为什么发脾气，以后要是不高兴了，我们就先找个地方把坏情绪都发泄出去，这样就不会无缘无故把脾气发在别人身上了。谈完，他就高高兴兴地自觉排在了队尾，当时，我要是和他继续在队伍里耗着，估计情况会很难看。

平时我们就要多告诉孩子，可以发脾气，但是发脾气不要吓到别人，也不要伤害自己、伤害别人、破坏环境。我们还需要在平时教给他一些必要的社会规范、重要的原则和底线，等他生完气、情绪平复时，我们也能更好地跟他交流。

第2步：用“镜面反射法”平复情绪

这一步，就是在孩子把生气的情绪表达出来后去安慰他。我们可以帮助孩子给各种各样的情绪贴上标签，帮助他认识情绪，引导他放慢情绪发酵的速度，不至于失控。

美国一位临床心理学家劳伦斯·科恩给这个过程起了个名字叫“镜面反射法”。顾名思义，就是我们像镜子一样，把孩子的情绪当场反馈给他，积极的、消极的情绪都要反馈。

大宝小时候，有一次我带他在小区游乐场溜滑梯，他爬到滑梯顶上冲我招手，没有注意到有个小女孩爬到了他身后。我想让他赶紧下来，但是小女孩的奶奶更快："你赶紧滑啊，没看到小妹妹在你后边吗？"老太太语气不太友好，大宝就愣在那儿了，"你这个孩子怎么回事啊，堵在这里不滑，你不滑就让小妹妹到前边去！"大宝也生气了："我先来的，你们不能插队，我滑下去你们才能滑！我讨厌你！"这一句可捅了马蜂窝，老太太立马就炸了："你这孩子怎么说话呢？你们幼儿园是怎么教你的？你有没有家教！"我当时也怒了，老太太说话也太不客气了。

等俩孩子都下来以后，老太太抱着小姑娘就走了。大宝还是气得不行，一点儿都不夸张，他当时浑身抖、握着拳头，牙齿都咬得咯咯响，一句话也说不出来。我也气得够呛，就把他带到一边，抓着他的肩膀，平复他的情绪。因为生气，我抓得很用力，声音也有点颤抖：

"你很生气，对吗？"

"是的，妈妈，我快气死了！"

"我也是，感觉都快爆炸了！"

"妈妈，我感觉胸口疼！"

"我也是，我们都太生气了。"

"妈妈，那怎么办啊？"

“做几个深呼吸吧！”

大宝跟着我做，一会儿就平静下来了。

“镜面反射法”跟我们平常安慰孩子的方法侧重点不太一样，我们平时是努力告诉孩子：“妈妈理解你，妈妈知道你在生气。”但对情绪的分析不多。这个方法更多的是帮助孩子描述和分析他自己的情绪，还有身体感觉，努力把注意力集中到对情绪的判断上，而不仅是沉浸在情绪里。

可能有的妈妈会觉得用“镜面反射法”说的都是废话啊。是的，大部分都是“废话”，但是这些“废话”非常有效果，让孩子感觉自己得到了大人的理解，情绪得到了接纳。这个方法又很简单，几次练习后，孩子自己就学会利用这个办法来调节情绪了。

那次之后的一个晚上，大宝提议吃完晚饭我们去溜滑梯，但是我吃完饭要去机场，只能告诉他，没办法带他出去。他又提议可以等我回来再去，我告诉他我回来大概要十点了，太晚不能出去了。小家伙不高兴了，嘟着嘴说：“妈妈，我感觉我内心有团风暴。”我一听乐了，应用得挺好嘛，比喻得还挺形象。

“你是因为妈妈把你的建议都否决了，所以不高兴？”

“是的！”

“那你说咋办？”

“我跟弟弟在家玩吧！”

于是，问题轻松解决了，其实只要孩子愿意主动说出自己的感受，气就消了一大半。

您别看我说得轻松，大宝在特别生气的时候，哪儿能听得进去我说话啊。这时候我会先抱着他，帮他平静下来，要是他拳打脚踢的话，我就在旁边先陪着他，等他稍平复一些再使用“镜面反射法”。

有时候，我们还可以转换思路，比如用游戏的方法。我跟我最好的朋友学了一招——怎么把孩子的冲突变成游戏。有一次，大宝和我朋友的孩子玩着玩着忽然吵起来了，不一会儿，只听“啪”的一声，大宝在人家头上重重地拍了一下，声音巨大，那孩子肯定特别疼。

果然，朋友的孩子挥着拳头就追来了。这时候，朋友用了非常妙的一招，她把我家大宝护在身后，开始和自己的孩子玩老鹰抓小鸡的游戏。俩孩子刚开始还很生气，铆足了劲儿要打，但是不一会儿就开始做游戏了，早忘了生气这码事儿了。

第3步：思考解决办法

下面再说说第3步，也是我认为最重要的一步，但是经常被我们忽视，那就是和孩子一起想办法解决问题。

在负面情绪过后，解决问题才是最重要的，我们可以亲自进行示范，让孩子养成解决问题的习惯。这样，即使他生气了，也知道问题是能解决的，不会那么无助，生气就会越来越少。

继续说上边的例子，孩子发脾气以后，我们要私下跟孩子讨论，下次遇到类似情况，怎么做更好。我们可以和孩子一起商量："下次你觉得别人对你说话不客气时，你能怎么回答？"孩子可能会说出来一堆，我们要和孩子商量哪个最优。

和小朋友打架以后，我们可以告诉孩子："先动手的那个人就先错了，有理也变成了没理，你想想有什么更好的办法？"有时候他说不出来，我们可以先起个头，他可能就有了灵感。必要的时候，我们可以用角色扮演的办法跟他一起练习。

有时候，直接帮助孩子解决问题效果更好。大宝3岁的时候，有一次端着我给他买的蛋糕想去餐桌上吃。走在半道上，手一抖，蛋糕滚到地上了，沾了一地奶油，他开始嗷嗷大哭。我平时很少给他买蛋糕，好不容易盼来一个还掉地上了，所以他特别难受。要是出于本能，我肯定会说："让你小心一点你不听，这下蛋糕掉地上不能吃了吧！"从小到大，我父母就是这么和我说的。好在我当时忍住了，他的情绪已经崩溃了，责怪的话更是火上浇油，我用安慰、"镜面反射"的方式肯定也不好用。

我一边说，"别着急啊，这事能解决。"一边把他的蛋糕捡起来，把接触地面的那些奶油刮掉。他不哭了，专心看着我手上的动作。一会儿，蛋糕处理好了，虽然丑了点，但是不影响吃，他又高兴地拿去吃了。后来不久，他又把牛奶洒了一桌子，也是急得直哭，我拿了块抹布和他一起把桌子擦干净，又给他重新倒了点牛奶，他马上就高兴了。

次数多了，找出问题的解决办法已经成了他的习惯，现在他很少需要我帮助了。我发现他有时会先分析分析自己的情绪，有时候安慰安慰自己，然后再自言自语地说一些解决的办法，忽然大叫一声："有了！"我就知道他没事了。偶尔他情绪特别激动，激动完了想办法解决也成了他下意识的反应。

0~3岁：满足孩子的探索欲望

分析了半天3岁以上孩子的生气问题怎么处理，现在我们说说小宝宝生气了怎么办。

有了我家大宝的养育经验，我在带二宝的时候就顺手多了。二宝在长大的过程中很少发脾气，现在他两岁多了，每天乐呵呵的，很少哭。除了注意营造宽松、和谐的日常家庭氛围，因为孩子语言能力有限，我就把重点放在预防他的消极情绪上，生气以后的重点是帮他解决问题，办法都是围绕着怎么满足孩子的探索欲望。

我们把卫生间和厨房重新整理了一下，把易碎的、可能造成伤害的东西挪开，平时的大部分时间里，厨房和卫生间对二宝是开放的。实在避不开的东西，我们能尽量帮一把、扶一下，就不打断他的探索。他喜欢爬上爬下，爬桌子、爬凳子，看好他就行；他喝牛奶、吃东西我们也不阻止他自己倒、自己端，总之，就是尽量让他自己探索。

但是也遇到了几件让我印象特别深刻的事，其中一件就是前边提到的够热水瓶。

一段时间的哭闹以后，姥姥实在受不了了，让我想办法解决。前边也提到了，我刚开始出了一个“馊主意”，把热水瓶放到冰箱上面，被全家人反对。后来，我就留心观察他到底是想拿着热水瓶干什么。我抱着他，让他玩了几次热水瓶，发现他要把热水瓶的盖子取下，把热水瓶的提手提起来，然后想把热水瓶里的水倒在杯子里，其实就是模仿大人倒水的一系列动作。这么一看，这个问题还是可以解决的，我要让他知道，热水瓶里的水是很烫的，又让他能倒水。

我抱着他来到厨房，把天然气打开，把他的手放得离火稍微近一点，告诉他“烫”，并让他体验一下“烫”的感觉。然后把他抱到热水瓶旁边，打开瓶盖，把他的手拿过去，也告诉他“烫”。小孩天生就有趋利避害的本能，一两次以后，他就不敢打开瓶盖了。我又在超市里买了个他能端得起来的小号热水瓶，在里边加上温水，把杯子给他，他就开始玩倒水了，特别高兴。

类似的事情还有很多，比如会站以后，一到穿纸尿裤的时候就哭。他是因为会站了，就不愿意躺着，哪怕穿纸尿裤那一会儿也不行。于是，我们让他站着穿纸尿裤，就没事了。他有一阵子不爱喝水，喂水他就扭头，追得急了他就发脾气。白开水寡淡无味，喝水的过程也很无聊，于是，我就把喝水变成一个游戏。让他自己倒水，倒出来喝了以后我赶紧拍手说：“宝宝好厉害哟！”又过了一阵，这招失灵了，我把这件事情变成一项表演项目：“宝宝，快给妈妈表演一下喝水！”当下一次喝水的时间到了：“宝宝，姥姥想看你表演喝水……”又或者和他表演与喝水有关的故事：乌鸦喝水、猴子捞月、小马过河、小熊拔牙、司马光砸缸……凡是能和水有联系的故事，我们都会在他喝水的时候进行情景代入，他现在喝水总算没有那么费劲了。

4 家长问答

问题 1

孩子在商场里看中玩具，不给买就不肯走，发脾气、大哭、打滚。家里玩具已经太多了，家长不想无节制地买，强行抱走，孩子控制不住情绪，有时甚至踢父母。

回答 1

我想，孩子看见玩具撒泼耍赖非要买，应该是最常见且让父母最头疼的事情之一了。

您说得对，玩具不能无节制地买，孩子头脑一热要买来的玩具很快会被他们抛在脑后，玩两天就再也不玩了。我们需要帮助孩子发展健康的物质观，让他知道金钱的来源不是没有限制的。而且，孩子终究不可能事事顺心，他需要从小就学会当自己的愿望不被满足的时候，怎么来面对失望。

孩子因为买玩具、买零食哭闹的事情，也让我很头疼，参考我之前的经历，建议您这样做：

先是做好预防工作。例如，去商场尽量绕开卖玩具的柜台。但是，有时候卖玩具的地方不好绕开，或者在必经的路上，这时候我们可以和他事先约定。告诉他，今天我们需要买什么东西，拟一个购物清单，除了这些，我们什么都不用买了。我们可以给孩子找点简单的事情做，请他帮忙在超市里找清单上的东西。当然，说一遍是不够的，在我们进超市之前，可以再把清单拿出来强调一遍。这样，孩子对接下来的事情就有了预期。当他想买玩具的时候，我们还可以提醒他之前的约定，能避免不少哭闹。

但这样还是不够的，我们可以教孩子一些规则和观念，帮助他解决问题，让他逐步学会面对愿望得不到满足的失望，这是需要在平时下功夫的。我们可以教孩子这样的金钱观：挣钱不容易，我们要让每一分钱都花得有意义。这个观念比较抽象，我们要用适合孩子的语言来告诉他。什么是适合孩子的语言？就是故事。我曾经讲了两个故事，一个是我小时候把父母给我的学费弄丢了，父母特别着急。讲完以后和孩子分析，因为父母挣钱辛苦，所以他们很着急。我还虚构了一个故事：一个小朋友得到一笔钱，立马就买了很多不需要的玩具，结果冬天没钱买衣服。并给孩子分析说，如果之前少买些玩具，留着钱买冬衣，这样既能快乐，又能保暖，所以我们要用钱来买真正需要的东西。

故事向孩子传达的是连贯的信息，比道理更容易让孩子记住，故事里有人物，代入感更强，孩子更容易对故事传达的思想产生认同。

但是，我们肯定需要给孩子买玩具，这时候，我们可以改变一下方式，把买玩具变成一件有规律的事情。人类的大脑更喜欢确定性事物，规则和规律能给孩子真正的自由，这能让孩子清楚地知道，在什么情况下他的愿望能得到满足，在什么情况下得不到满足，这会给他带来更多安全感。

例如，我们和孩子商量，一个月在网上买一件玩具。在网上买东西符合一个心理学现象——“延迟折扣”原则。“延迟折扣”就是说，等待奖励的时间越长，奖励对一个人的价值就越低。很短时间的延迟就能在很大幅度上降低奖励对人的诱惑，这就是人们常见的一个现象：如果你想买一个东西，那么，你在十分钟后就往往没有那么想买了。

一段时间后，孩子要求买玩具的频率会下降。之后，你就可以让玩具发挥更好的作用了：它是父母向孩子表达爱的礼物，我们可以在孩子生日、节日和我们觉得合适的时机购买玩具。

说了一大堆，总结起来就是一句话：去商场之前事先约定以减少哭闹，如果哭闹，就尽力安慰孩子，重点还是着眼于帮助孩子解决问题，用规则、规律和正确的观念来帮助他提高自己对失望和挫折的免疫力。

问题 2

大宝3岁半，二宝刚刚出生。大宝虽然也喜欢二宝，但难免会有嫉妒心理，现在明显比以前更爱发脾气、说狠话，如“我不喜欢你了”“我不和你玩了”，而且发脾气时会自己跑到房间里关上门。不知道应该怎么疏导？请教老师。

回答 2

二宝出生后，大宝情绪低落基本上是每个二胎家庭都会遇到的问题。二宝出生以后，大宝的生活环境和生活节奏有了改变，加上父母会把原来放在他身上的注意力转移一部分到二宝身上，大宝有压力、有失落感是非常常见的。

对待大宝嫉妒二宝的问题，我觉得最重要的是两点。

第一点是我们父母要淡定。大宝短时间内适应不了是非常正常的事情，我们一定要给大宝充足的时间来适应。每个孩子的适应期不一样，我家大宝性格敏感一些，二宝出生时他将近4岁半，这个过程持续了小一年的时间，刚开始他特别排斥，甚至出现了在地上爬、吃奶瓶、尿裤子、要穿纸尿裤这些退行行为。但是，给孩子调整的时间，用合适的办法，是会慢慢好转的。他俩现在一日不见，如隔三秋。朋友家的大宝属于好养的“蒲公英型孩子”，性格比较稳定、温和，二宝出生时大宝已经6岁了，也出现了一些退行行为，在一段时间里情绪也容易激动，通过父母的耐心疏导，这个过程大概持续了三个月。您家大宝更小一些，更需要父母的理解和耐心。

第二点是要全面看待大宝与二宝的相处问题。我们希望大宝和二宝友好相处，其实不仅是希望大宝让着二宝，而应该把这个过程看成帮助大宝、二宝获得积极品格的过程；而且，他们都是对方练习的对象，可以学习怎么面对消极情绪，怎么沟通、合作、理解别人。有了这个目标，我们就不会只看到大宝又做错了什么、二宝又受了什么欺负，我们会通过给予孩子信任、培养独立能力、教会他们理解别人等方式来帮助他们获得积极的品格，在这个过程中，情绪的问题自然而然就解决了。

问题3

老师，我家大儿子快6岁了，当他觉得别人侵犯了他，如抢了他的东西、踩了他的鞋子，还有体能课做得不如别的小朋友那么好、作业写得没有预期那么好时，都很容易情绪激动、大喊大叫、握着拳头挥舞并发出“嗯嗯”的貌似发怒的声音，有时候还会急得跳脚，更严重的是会陷入那个情绪中并拒绝和我们沟通。我自己感觉他不会把自己的情绪表达出来，每次都跟他强调要把自己的要求好好说出来，不然别人不能理解。每次说的时候他都点头答应，但下次遇到同样的情况时，还是和之前一样。我现在非常困惑，不知道该怎样引导他，恳请老师帮忙解惑！非常感谢！

回答3

这个问题我特别感同身受，我家大宝在您家宝贝这么大的时候，也有类似的情况。

您提到的前两个问题，就是说别人抢了他的东西、踩了他的鞋子，他会很生气，这和他的道德发展阶段有关系。3~6岁的孩子，也就是幼儿园阶段，孩子的道德发展特点之一就是非黑即白，根据行为的后果来判断行为的好坏，不会根据别人的动机来判断别人行为的好坏。所以，别人抢了他的东西或者无意中踩了他的鞋，也会让他非常生气。到小学的时候，孩子才会逐渐把行为的动机与道德结合起来考虑。

您家大宝快6岁，和我家大宝年龄差不多，他们正处于道德判断变化的阶段。我在日常观察中发现，如果教大宝一些简单的辨认别人意图的办法，他还是有可能把别人的动机考虑进去的。

目前我用的办法是让他观察别人的情绪。举个例子，他有一阵子经常跟我说，班里有个同学叫他小屁孩，他很生气，冲对方发怒了。我就问他，你觉得他在骂你还是在开玩笑？他说他觉得是在骂他。我又问他，那他在说这话的时候是笑着的还是发怒的？他说是笑着的。我说，那说明他是在开玩笑，如果他的表情是发怒的，那就是在骂你。你如果不喜欢他的玩笑，可以告诉他。还有更简单的办法，就是直接问那个小朋友，“你是在骂我还是和我开玩笑？”告诉孩子，不用担心别的小朋友动机不好故意骗他。要从好的动机出发来解释别人的行为，对他的情绪管理会有帮助。

您提到的后两个问题，作业做得没有预期好就会发脾气，这涉及孩子的胜任感。孩子希望可以把事情做得好，得到别人的肯定，这是孩子的一个基本需要。在这点上，您可以引导孩子明白，每个人都有长处，也有短处，最重要的是不断提高自己。我家大宝协调能力不是特别好，以前他和同学在操场上玩的时候，大家呼啦一跑，他就落在最后了；等他好不容易赶到那儿，人家都玩完了，又呼啦一跑去别处了，他就急得在后边哭着追，一来二去也不爱和同学出去玩了。我就在他心情好的时候与他聊天，让他说说班里每个人的长处和短处，说到他自己的时候，他说他的长处是懂得很多知识、认识很多字，老师说他是小博士；缺点是跑得慢。他还说了很多别的同学的长处和短处，这时候我就告诉他："你看，每个人都有擅长的和不擅长的，对于不擅长的，我们就想想怎么提高。"可以和他一起想办法，如多锻炼、多吃东西有力气等。后来，我俩每星期都出去徒步，平时让他多跑，现在他在班里处于跑步速度中等的水平。

写作业的问题，您可以跟他解释，写得好需要很强的肌肉控制能力，所以，长大了自然就会好。现在有不好的地方也没关系，多练习肯定会有进步，您可以多肯定过程，少关注结果。

另外，您提到的他生气以后不愿意沟通的问题，还是建议您平时多和他进行“情感对话”，可以通过讲故事的形式，也可以分享过去的事情，好的情绪也好、坏的情绪也好，多和他讨论、交流，他慢慢就学会通过语言表达情绪的技巧啦。

问题 4

我家宝宝2岁3个月了，之前很少哭闹，要什么我们基本都会满足，所以之前很少有哭闹、要求等。可是最近一段时间不知道怎么了，要什么东西我们不同意就开始哭，哭得很伤心，我们又怕以后用这招没办法，所以经常强制执行，让他哭。现在越来越严重了，不满意就拿玩具乱打，如奶奶看电视时他要求看动画片，我们说让奶奶看，他就开始打电视机或者哭，现在真的不知道该怎么处理。

一打人我们就让他罚站，他也不理，来回几次我们就“河东狮吼”了，是会好点，但我总觉得这样也不对，跟我小时候的模式类似，我也不想他重复我的路，但是我自己又解决不了，求老师指点。

回答 4

谢谢您的提问，这个问题很典型，我正好借着这个问题谈一谈 2 岁孩子的特点。

2 岁孩子爱做事，其中一个突出的表现就是爱模仿。您可能也发现了，平时大人一扫地他也跟着扫，大人擦桌子他也跟着擦，奶奶看电视他肯定也要跟着看，而且电视色彩丰富、画面多变，吸引力就更大了。我建议，看电视这件事情您可以和奶奶商量，等孩子睡着或者出去玩的时候再看。

另外，2 岁的孩子有了自我意识，他发现“别人”和“我”与“物品”和“我”是不一样的，并逐渐认识到作为客体的外界事物和作为主体的自己，从而形成了对自己的认识。形成自我意识的一个突出表现就是“闹独立”，具体行为是固执、不听大人的话。有时不让他们做的，他们偏要做；让他们做的，偏不做。这一时期又叫“第一个危机期”。

对儿童的“独立性需要”，要以顺应为主，限制为辅。对他的要求不能一味满足，也不能过多限制。一味满足，容易让孩子变得任性和执拗；过多限制，会挫伤儿童的自尊心，使其缺乏自理能力。

硬碰硬的招式不好使，我们就可以事先把不希望他接触的东西收好，还可以利用这个年龄段的孩子注意力容易转移的特点，在他生气的时候转移他的关注点，或者带他换个地方。等他平复了再找合适的机会教育。

举个例子，我家二宝曾经特别喜欢把玩具往地上丢，哪个重他挑哪个丢，不管白天黑夜，影响了楼下邻居的生活。要是他扔的时候不让他扔，他肯定会大哭一场，待会儿还会扔，没解决问题。这时候，我就用很欢乐的语气叫他：“走啦走啦，去卫生间洗手啦！”他特别喜欢洗手，基本上不拒绝，然后抱着他，顺势把玩具放在沙发上。洗完手回来，我会先用简短的语言配合动作告诉他，玩具要放在茶几上玩，丢也只能丢在茶几上，他就容易接受了。

问题 5

女儿快 3 岁了，最近很容易发脾气，如晚上睡觉前叫她刷牙（提前 10 分钟告诉她一会儿要去刷牙睡觉了，玩具该收起来了），她总是磨磨蹭蹭，叫了好几次都不理我，稍微提高音量严肃地说："我们去刷牙去睡觉了！"她就大声吼："妈妈不要批评我！"还用手捂住耳朵。请问老师，这样的情况该怎么处理？

回答 5

宝宝因为玩玩具不愿意洗漱，磨磨蹭蹭，这是日常生活里非常常见的问题。在这个问题里，帮助孩子建立生活规律是非常重要的，一旦建立了规律，情绪问题就迎刃而解了，您可以试试这几个办法。

第一个办法是固定洗漱的时间。人有生理周期性，建立起固定的规律，就会下意识地在相同时间做同一件事情。您可以和宝贝敲定一个洗漱时间，在提醒的同时，放一段音乐，就像幼儿园老师播放音乐叫小朋友们起床、吃饭那样，慢慢地，只要音乐响起来，宝宝就会很快跑过来了。我家二宝2岁，我们会放音乐提醒他睡觉，他听到音乐就会跑过来。

第二个办法是，建议您在提前10分钟提醒的时候，看看宝宝当时在玩什么，估计一下他10分钟内还能干什么，告诉他："还有10分钟，你还能再画两幅画。"他就会对接下来的事情有预期。另外，孩子喜欢完整性，有时候他可能画了一幅半，没画完两幅，这时候其实可以稍微延迟一下，等他完成了，他自己可能就主动来洗漱了。

还有一个办法，就是您跟他分析，进行"情感对话"，为什么他磨蹭的时候您会不高兴。这件事要在平时做，把它当作一个故事和孩子分享。和孩子讨论自己的、别人的情绪，这对孩子的情绪管理特别重要。有研究发现，母亲在讨论家庭成员的情绪上花的时间越多，3岁孩子的情感观点采择能力就越好，情绪理解能力也越好；在家庭对话里听到较多关于感情话题的3岁儿童，在6岁半时能更好地管理自己的情绪。

举个例子，您可以说："宝宝，知道妈妈在给你洗漱后，还需要干什么吗？"

他可能会说："不知道。"

您说："妈妈需要把玩具整理好，还需要自己洗漱、整理明天用的东西，之后才能上床睡觉。明天还要比你早起，要做很多事情，妈妈每天比你少睡不少时间。睡得少，妈妈就会困、难受。当你困的时候，你是什么感觉？”

他可能会说“生气”，然后给您讲一个他自己的例子，您就可以和他一起分析，他也有可能什么也说不上来，没关系，您可以告诉他，他慢慢就理解了。

分析完了，问他：“你说怎么做才能不让妈妈困呢？”

他可能会说：“早点睡。”

这时候就可以告诉他，要按时洗漱，和他约定好时间。

5 结语

父母就是孩子的情绪专家，孩子从我们身上学习怎么合理地处理自己的消极情绪，我们的责任很重大。

我们不仅要做孩子情感上的安慰者和支持者，还要成为他们情感发展的教育者和指导者。我们要有智慧地应对他们的消极情绪，帮助他们有更好的情绪发展。希望我在本章分享的内容能给大家带来些许帮助，让孩子的情绪控制能力得到提高。

Chapter 7

第 7 章

运动脑

你的孩子活动量够了吗？

我从小就不爱动，长大后顺理成章地变成一位宅女。后来误打误撞进入运动科学领域，了解运动的诸多好处之后，一方面，强迫自己改变生活方式，增加运动量；另一方面，对培养自己的孩子养成良好的运动习惯这一问题格外关注。

1 关键概念明晰：身体活动、运动（锻炼）和动作发展

根据对学龄前儿童的身体活动和运动的关注度，我身边的妈妈可以分为三类：

- ★ 第一类是“学业鸡血妈妈”，这类妈妈为了不让孩子输在起跑线上，从幼儿园起就给孩子报名了英文口语课、思维训练班、艺术训练营等，而这些以静为主的课程占用了儿童自由玩耍、跑跳的时间；
- ★ 第二类是“运动鸡血妈妈”，这类妈妈意识到运动对于儿童身心发展和出国留学的重要性，三四岁就开始带孩子拜师学艺，进行专项运动训练；
- ★ 第三类是最近流行的“佛系妈妈”，这类妈妈主张顺其自然、随遇而安，对运动和学业都不太关注。

一方面，对于学龄前儿童来说，传统观点认为他们"活泼好动"，不用担心他们存在活动量不足的问题；另一方面，学龄前儿童尚未发育成熟，家长认为他们还不能从事专项运动的学习和训练，所以无须担心运动的问题。

事实并非如此。近些年，学龄前儿童的身体活动量受多种因素的影响逐年减少。例如，北方的雾霾导致孩子的户外活动时间大大减少；电视节目、平板电脑、手机使用的低龄化，导致孩子的静坐时间增加；随着家长安全和维权意识的增强，幼儿园出于减少儿童受伤的角度考虑，对户外活动的总量和强度的设置偏保守。

究竟让孩子从几岁开始学游泳比较好？牺牲孩子玩耍、活动的时间去上辅导班，是否值得？学龄前儿童每日活动量达到多少分钟才算足够？通过什么方式可以达到孩子的身体锻炼与认知训练两不误的效果？

希望本章能够为家长解答关于身体活动的诸多困惑。

在正式开始前，有必要明晰几个重要的概念，即身体活动、运动（锻炼）和动作发展。

★ **身体活动也称体力活动，世界卫生组织在1998年对此给出的定义是指所有由骨骼肌收缩导致能量代谢的机体活动，包括**

走路、玩耍、做家务和以强身健体为目的的规律性锻炼。简单来讲，只要身体动起来，就属于身体活动。幼儿的身体活动主要由非结构化的、主动的游戏引发。另外，还包括步行和有组织的活动，如体育课、舞蹈课等。

★ 运动（锻炼）是身体活动的下位概念，是指有计划、有结构、重复性的体力活动，目的是提高或者保持一种或几种身体能力。

★ 动作是人类适应环境的重要手段，在个体发展的早期，动作的发展是判断脑发育正常与否的重要指标。动作对儿童、青少年、成人的认知、情绪、社会行为等方面均有重要影响。动作与心理发展之间的关系复杂，所以该领域有一系列重要的研究结论。

本章关注学龄前儿童的身体活动，动作发展不在讨论范围之内，如爬行、走路、站立技能的获得，以及动作发展的先后顺序等问题。

2 为什么要关注学龄前儿童的身体活动

在过去几十年间，全球肥胖率不断攀升，这一趋势也波及儿童群体，甚至是学龄前儿童。幼儿园和中、小学里的“小胖子”越来越多。

肥胖不仅会影响孩子的外貌及自信心，且越来越多的证据表明，肥胖对于家长们普遍关心的认知发展也有负面影响。这种负面影响将从儿童期一直持续到老年期。

增加身体活动量可以帮助幼儿达到并维持健康的体重，可以促进儿童骨骼和肌肉的发育，提高运动技能。从幼儿社会化发展的角度来看，体力活动还可以为幼儿提供与他人互动、交朋友和发展社交技能的机会。除此之外，还有很多家长们意想不到的益处。来自运动科学和神经科学的研究证据表明，身体活动可以促进海马体内的神经发展，提高脑源性神经营养因子浓度，使大脑发生诸多积极的变化。通俗来说，多活动可以让你的孩子变得更聪明、学习成绩更好。

我们提倡关注学龄前儿童的身体活动还有一个重要原因：纵向追踪研究发现，童年早期的身体活动模式会影响成年后的身体活跃度。成长早期活动水平较高的儿童，在未来几年内会持续参与更多的体育运动。也就是说，不爱动的幼儿在长大之后，更大概率会有变成不爱动的小学生、中学生、大学生、成年人、老年人。而在人生的不同阶段，运动对于认知、情绪、社交、生理健康等方面都有积极的影响。所谓“三岁看大，七岁看老”，在某种程度上同样适用于幼儿身体活动方面。

3 身体活动与大脑发展

接下来，我们来了解一下身体活动与大脑发展有着怎样的关系。

给幼儿提供丰富的环境刺激可以促进大脑发育这一观点逐渐成为共识。1972 年，科学家发现，在丰富环境中成长的老鼠，其大脑发育优于在贫乏环境中成长的老鼠。在丰富环境中成长的老鼠的大脑皮层更厚且更重，神经冲动传递速度更高，神经元的尺寸更大，神经突触的数量比在贫乏环境中成长的老鼠多50%。进一步研究发现，丰富环境提供的运动机会在促进老鼠大脑发育的过程中起到重要的积极作用，运动可以增加大脑中神经元、树突棘和脑内血管的数量和密度，为更好的认知表现打好了生理基础。

长久以来，人们都认为成年后神经元数量只会减少、不会增加，但是，近些年的研究却发现，规律运动可以触发海马体内的神经发展，使神经元数量增加。海马体与记忆关系密切，而记忆力和家长普遍关心的学业表现之间关系密切。也就是说，传统观点所认为的四肢发达、头脑简单及体育和学业相互冲突的观点实际上是彻头彻尾的错误，运动不但不会影响学业，而且会让头脑更聪明，为更好的学业表现打基础。

除了海马体之外，身体活动对小脑、运动皮层、前额叶也有持续性的积极影响。小脑在反射性动作控制和精细动作模式调节过程中发挥着关键作用，小脑与其他脑区协同合作，影响着人们的动作控制和新技能学习。动物实验发现，复杂身体活动可持续地提高小脑的结构自适应性。

受身体活动影响的第三个部位是大脑皮层的前额叶。前额叶主要负责人的执行功能，而执行功能是高级认知能力的重要“指征”，究竟有多重要呢？身体活动对执行功能的积极影响最早发现于老年人群体，后续的研究在成人和儿童群体中也证实了这种影响。研究者比较了体形健康和不健康的儿童脑部结构及其信息加工效率，发现有规律进行身体活动的体形健康儿童有着更快的信息加工速度及更优化的脑结构，磁共振结构影像学数据显示，前者的基底核神经节体积大于后者群体。一年后，规律锻炼、体形健康的儿童在执行功能任务上的表现仍然优于体形不健康的儿童。

随机对照研究为身体活动促进儿童执行功能的发展提供了更为有利的证据。佐治亚医学院的研究者将**40**名超重儿童随机分配到**20**分钟锻炼组、**40**分钟锻炼组和无锻炼组，参加为期**13**周的课后游戏锻炼项目。一学期结束后，对这三组儿童的执行力、注意力、记忆力和学业表现进行综合评估，发现两个锻炼组的儿童在**13**周的干预后执行力和数学成绩均高于无锻炼组，其中，**40**分钟锻炼组的提升幅度最大。

综上所述，已有的动物和人类研究已从分子学、脑功能、形态学、行为学等多个层面提供了充分的证据，表明运动对认知功能有积极的促进作用。多动，可以让大脑更活跃、更聪明。

4 关于学龄前儿童身体活动量的建议

通过刚刚的介绍，大家已经了解，身体活动和脑功能之间是互相影响、关系密切的。那么，对于学龄前儿童来说，到底该如何动？动多少才是合适的呢？

我们把儿童在进入小学之前的**0～6**岁分成三个阶段来进行解读，分别是**0～12**个月的婴儿期，**1～3**岁的幼儿期（或称学步期），以及**3～6**岁的学龄前阶段。

婴儿期：0～12个月

对于从刚出生至**1**岁的婴儿来说，这个阶段的身体活动重点是鼓励他们在安全的环境中开展体力活动，主要活动内容是在照顾者的看护下进行地板游戏。

在出生后的前**6**个月内，他们的身体活动包括触摸和抓取物体、头部左右转动等。当幼儿颈部力量可以支撑头部时，可以进行适度的俯卧训练，也就是让宝宝肚子着地趴着。俯卧能够锻炼宝宝的颈部和上半身的肌肉，为他下一步的翻身、坐起、爬行、站立等发展做好准备。

在进行俯卧训练时，一定要在宝宝清醒并且大人全程监控的情况下进行，让宝宝的双臂弯曲放在胸下，这样有助于他肘部用力推着下面的垫子抬起上身。俯卧的着力面最好是平坦、硬实的平面，或是爸爸妈妈的胸膛或肚子。俯卧训练的时间最好是睡醒后、进食前，最开始可以只做几分钟，随着宝宝颈部力量的增强，持续时间可以逐渐增加。

6～12个月的婴儿开始学习基本的动作技能了，如爬行、扶着某处站立、步行。婴儿与照顾者应该每日进行互动身体活动，照顾者应给婴儿创造安全环境，让他通过动作探索周围环境。

幼儿期：1～3岁

幼儿体力活动的特点是学习运动技能和主动参与游戏，运动技能包括跑步、跳跃、舞动等。这个阶段的身体活动还包括稳定性技能，如平衡和攀爬。另外，还有投掷、接/发物体，击球等控制性动作。

美国运动与体育教育协会（NASPE）制定的幼儿身体活动指南建议，1～3岁的幼儿每日应参与不少于30分钟的结构化身体活动，每日应参与至少60分钟，最多7小时的非结构化身体活动，一次久坐时间不超过60分钟（睡觉除外）。

★ **结构化身体活动是指由成人主导，有组织、有计划地根据儿童身心发展特点设计的游戏和体育课。引导儿童运动的可以是专业的体育教师或幼儿教师，也可以是家长。**

例如，家长播放音乐，让2岁的孩子模仿成人的动作，跟随音乐节拍一边拍手一边走。

★ **非结构化身体活动是指儿童在没有成人引导的情况下，自发的身体活动。**

例如，自己玩玩具、骑车、追小狗等。

英国、加拿大和澳大利亚等国家建议幼儿可以独立走路后，每日累计进行180分钟的身体活动，无强度要求。

学龄前阶段：3~6岁

3~6岁的儿童活动量与1~3岁相似，每天应进行累计60分钟以上，最多不超过7小时的非结构化身体活动，累计60分钟以上的结构化身体活动，一次性久坐不能超过60分钟（睡觉除外）。对于5岁以上的儿童来说，每天应进行60分钟以上的中、高强度身体活动。

需要注意的是，学龄前儿童身体活动的模式有别于成年人，其主要特征是暂时性、爆发性，研究发现，90%的高强度运动持续时间仅为3～9秒。因此，不建议让儿童一次性进行10分钟以上的不间歇高强度运动。

举例来说，我曾经见过一位父亲为了锻炼孩子的身体素质和意志力，让上幼儿园大班的孩子跟着父亲一起跑步。这种做法没有考虑到儿童的身体活动特征，是不符合儿童身心发展规律的。由于儿童身体活动的暂时性和爆发性，研究者建议，儿童的身体活动和运动主要以游戏的形式开展。每日安排足量的短时间歇身体活动可以提升儿童的骨骼健康、促进肌肉发育、增加能量消耗。

我们来总结一下，对于学龄前儿童的身体活动量建议如下：

★ 0～12个月的婴儿，不要总是放在推车上、抱在手上，照看者要给他们创造安全的环境，鼓励他们自由探索，发展动作技能；

★ 学会走路之后，建议儿童每天进行1小时以上，7小时以下的身体活动，其中最好包括30分钟的结构化身体活动；

★ **5岁之前的身体活动没有任何强度要求；5岁之后，每天最好有30分钟的中、高强度身体活动。中等强度的身体活动包括快速走动、跑步、在公园里和朋友们追逐、骑车、跟着音乐跳舞、游泳、跳绳等。**

接下来，我们就给大家介绍几个既能锻炼身体，又可以提升儿童执行功能的身体活动游戏。

5 身体活动游戏

学龄前儿童身体活动游戏设计的要点是同时结合基本动作技能发展和认知能力发展的特点。下面，我们给大家介绍3个符合上述标准的经典游戏。

魔法吹笛手

这个游戏的背景是童话故事*The Pied Piper*，中文名叫《仙笛神童》。家长扮演可以施魔法的吹笛手，小朋友扮演跟随在他身后的小老鼠。

家长可向儿童解释说，这个吹笛手有可能是“好人”，也有可能是“坏人”。游戏开始时，吹笛手走在前面，假装手里拿着笛子，哼唱轻快的旋律，儿童紧跟其后。当吹笛手忽然停止行走并转身时，他脸上的表情如果是“笑脸”，此时他是“好”的吹笛手，会蹲下来拥抱小朋友，小朋友跑到吹笛手怀抱中；如果转过来的吹笛手是“愤怒脸”，此时他是“坏”的吹笛手，小朋友要尽快跑开，不要被捉住。

游戏原理

从认知角度来看，这个游戏要求儿童在回避行为和接近行为之间迅速做出决策，是一种很好的锻炼儿童执行功能的方式。

在玩游戏时，儿童要牢记两种游戏规则：拥抱和逃跑。这对儿童的记忆功能是小小的锻炼和挑战；游戏规则随机变换，要求儿童在拥抱和逃跑之间选择一个行为，这锻炼了儿童执行功能中的另外两个部分：转换和行为抑制。

从身体活动的角度来看，这个游戏锻炼了儿童的大动作技能（走路、跑步），强度设置适合学龄前儿童间歇性、高强度的运动特点，同时包含高强度身体活动（转身逃跑），中、低强度身体活动（跟在吹笛手后行走）和休息（拥抱）。

在游戏过程中，儿童需要对变化的环境做出快速反应，这是对感知觉—动作协调能力的锻炼。

注意事项

★ 如果儿童对游戏背景不熟悉，可先同他一起阅读这个童话故事，熟悉故事后再玩这个游戏；

★ 可在游戏休息时询问儿童的逃跑路线是什么？启发儿童想出尽可能多的逃跑路线；

★ 提醒儿童在拥抱和逃跑时注意不要拥挤和撞到别的小朋友，要互相躲避。

进阶玩法

★ 当吹笛人回头时，指定某一个儿童拥抱或追逐。

例如，吹笛人在回头做出表情的同时大喊“拥抱龙龙！”“抓住轩轩！”等。通过这种方式增加游戏的不确定性，锻炼儿童的行为选择和行为抑制能力。

★ 增加规则。

吹笛人转身后除做出“高兴”“生气”的表情之外，还可以增加“无表情”及“害怕”等表情，当吹笛人无表情的时候，孩子固定在原地，不准做任何动作，移动者需要接受惩罚；当吹笛人做出害怕的表情时，吹笛人开始跑，孩子在身后追。

一二三，木头人

这是一个风靡全世界的游戏，相信很多家长小时候都玩过。这个游戏在美国叫一二三，星星；在法国叫一二三，太阳；在墨西哥叫一二三，南瓜。3岁以上的儿童就可以玩这个游戏了。

游戏规则

一名魔法师背对着儿童站在前方，儿童站在魔法师身后约10米处。魔法师告诉儿童，他们是被施了魔法的木头人，只有在魔法师喊“一二三”时才可以移动。魔法师喊“木头人”并回头时，所有人都要停住。如果正在移动的儿童被魔法师看到，则需要返回至起点。最先移动到前方并摸到魔法师的儿童为赢家，可以担任下一位魔法师。

游戏原理

这个游戏主要锻炼儿童执行功能中的抑制能力，在游戏过程中，儿童一方面希望快速抵达终点，另一方面又要在听到“木头人”指令时抑制行为，保持静止。

从动作方面来看，听到行走指令时要快速走动或跑动，这是中等强度的身体活动；在听到停止命令时，则暂停休息。不同指令之间的行为转换，能锻炼儿童的执行功能和感知觉—动作协调能力。

进阶玩法

★ 要求儿童必须以某一个指定动作停住；

★ 让儿童两两一组，两人必须保持相同的速度；

★ 增加行为反应的复杂程度，当魔法师喊出“一二三”之后，有可能说“木头人”，也有可能说“小兔子”，当听到“木头人”时，保持静止，当听到“小兔子”时，蹲下并保持不动。

疯狂红绿灯

这个游戏需要一张红色及一张绿色的卡纸作为道具，家长或老师扮演交通警察，儿童扮演行人。这个游戏由三步组成。

第一步，孩子自由活动或者按指令做某一套动作，当家长或老师喊“红灯停”时，儿童立即停止任何活动；当听到“绿灯行”时，重新恢复活动。

第二步，将语音指令换成卡片指令，要求儿童看到红色卡片时停止活动，看到绿色卡片时恢复活动。

第三步，疯狂红绿灯环节。同时给儿童语言指令和卡片指令，但是要求儿童根据卡片指令做出反应，忽略语音指令。也就是说，儿童有可能听到“绿灯行”，但看到的是红色卡片，这时，儿童应该立即固定在原位保持不动。语音指令和图片指令有可能一致，也有可能相反，随机设置。

游戏原理

从认知的角度来看，这个游戏涉及执行功能的三个能力：工作记忆、行为抑制和转换。尤其是第三步，要求儿童抑制对听觉刺激的反应，仅对视觉刺激做出反应，这对于锻炼儿童的认知灵活性很有帮助。从身体活动的角度来看，要求儿童将视觉、听觉刺激和不同的动作之间形成联系，对感知觉—动作协调是很好的锻炼。

进阶玩法

★ **告诉儿童："我们现在在月球上，月球的规则和地球是相反的。"**

例如，听到"红灯停"则开始活动，听到"绿灯行"则保持静止。

★ **要求儿童在听到"红灯停"或"绿灯行"时做出不同的反应。**

例如，双脚跳、单脚跳。这种改变要求儿童在不同行为结果间进行选择，难度高于基础版的行为抑制。

至此，我们来总结一下上述三个游戏的共同点：

首先，这些游戏考虑了儿童身体活动的暂时性、爆发性特点，在游戏过程中，中、高强度活动和低强度活动交叉进行；

其次，游戏中融入了认知训练的元素，主要包括记忆、抑制和认知灵活性三个方面。例如，需要儿童记忆两到三条规则、根据指令抑制行为、根据不同的环境选择不同的行为反应等。

希望家长们通过理解游戏背后的心理学原理，触类旁通、就地取材，结合情景和孩子的兴趣，设计出更多健身又健脑的游戏。

6 家长问答

问题 1

孩子 4 岁以前的亲子游泳课程真的有商家宣传的那么多好处吗？

回答 1

这是一个很敏感的问题。婴幼儿游泳已在全国各地流行起来，在一些城市又出现了收费更为高昂的亲子游泳。在进一步解释之前，我先提供一个权威机构的建议：美国儿科学会推荐4岁及以上的儿童参与以习得技能为目的的游泳课，因为4岁的孩子已经在身心发育方面为游泳动作技能的学习做好了准备。

在进一步回答这个问题前，我想问一下，您让孩子游泳的目的是什么？掌握游泳技能？提高亲子陪伴质量？让孩子获得水中乐趣？还是锻炼身体？

下面，我们来看看亲子游泳能否达到上述目的。

1. 过早进行游泳训练有助于孩子更快地掌握游泳技能吗？不能。有研究追踪了2岁、3岁、4岁儿童开始学习自由泳的技能掌握情况，发现这些孩子完全掌握自由泳的时间都是5岁半。而5岁开始学习游泳的孩子用时最短，学得最快。

2. 提高亲子陪伴质量？可以。不过，我觉得只要父母愿意放下手机，多花心思陪伴孩子，去不花钱的公园也能够达到相似的效果。

3. 让孩子获得水中乐趣？可以。小朋友天生爱水，如果给他提供一个安全的玩水环境，孩子自然是很开心的。除了亲子游泳之外，充分利用洗澡的机会，也可以让孩子享受与水亲近的乐趣。

4. 锻炼身体？可以。游泳是很好的身体活动方式，可以参加有专业老师指导的亲子游泳课（结构化身体活动），也可以让孩子自由玩耍（非结构化身体活动）。水中活动可作为身体活动的方式之一，并非必修课。

我的建议是：如果家庭的经济能力、家长的时间和精力允许，鼓励参加；如果客观条件受到限制，家长也无须承担太多心理和经济负担，多带孩子在小区、公园里做游戏、跑跑跳跳，每天都保证孩子达到建议的身体活动量，比一周上一次游泳课更为重要。不管你选择让孩子几岁开始接触游泳，有一点请切记：注意水中安全！

问题 2

男宝1岁10个月，由于雾霾天气，最近外出活动明显减少，在家里不知道如何加大他的活动量，而且感觉活动量不足还会影响他午休的质量和时间。雾霾天气持续不断，家里空间比较小，没有太多玩伴，怎样保证他有足够运动量？

回答2

这种情况其实是对家长提出了更高的要求，需要家长开动脑筋，在有限的空间里营造出适合孩子活动的环境。在空间和器材有限的情况下，家长可以给孩子设计一些结构化身体活动。例如，播放10分钟的音乐，家长做一些简单的舞蹈动作，孩子跟着音乐节奏模仿；家长还可以和孩子一起玩跳房子，或者玩一些我们前面介绍过的小游戏。

问题3

迫切地想问张老师，女孩5岁，体重已达到60斤，幼儿园运动量基本不够，我们应该采取哪些运动和饮食方法让孩子既能够减肥又不缺乏营养呢？谢谢！

回答3

关于身体活动方面，有两个建议。第一点，从兴趣入手，选择孩子最喜欢的身体活动方式。第二点，创造能让她增加活动量的环境。例如，增加户外活动时间，不要让她长时间待在室内，哪怕带她去户外不断地走动也是一种低强度身体活动。如果是原本不爱动的孩子，改变她的行为习惯是一个循序渐进的过程，不建议忽然加大身体活动量，容易让孩子对活动产生反感，也容易带来挫败感。

问题 4

怎样才算运动过量？老人总是担心孩子累着，我也不知道怎么说服老人，让他们相信孩子不会累。

回答 4

虽说身体活动好处多多，但也不是多多益善。**5** 岁以内的孩子每天的身体活动最好不要超过 **7** 小时。小朋友遇到好玩的游乐场或是有趣的玩伴，有时候可能会不愿意休息，照料者要熟悉儿童的作息规律，敏感地识别儿童疲劳的信号，在他们疲惫之前就安排休息或睡觉。

问题5

坊间流传着武术、体操会影响孩子身高的说法，您对这个说法怎么看？

回答5

首先，体操运动员的平均身高较矮，因为较矮的身高更适合成为专业体操运动员，更有利于完成高难度的技术动作，而不一定是体操训练导致了身高较矮。

其次，有研究发现，专业体操运动员在减少训练量或退役之后，会出现身高的补偿性生长。但是，除了训练之外，还有一个可能的因素会导致身高发育受抑制，那就是饮食控制。体操运动员会通过控制饮食摄入来控制体重，低卡饮食也有可能导致身高发育受到抑制。目前的证据可以支持体操训练和身高抑制之间的相关关系，但不足以得出因果结论。

再次，一项以体操运动员为对象的研究发现，青春期前进行体操训练有利于骨质健康，可以增加成年后的骨密度，预防骨质疏松的发生。也就是说，练体操会不会影响身高，尚不确定；不过，可以肯定的是，练体操可以降低中老年时期的骨折概率。

最后，关于这个问题，我咨询过专业体操教练，退一步讲，高强度的专业体操训练也许对身高会有影响，这里所说的高强度是指每天**4～8**小时，每周**5**天以上的专业体操训练。如果只是作为业余爱好进行学习、训练，这种运动量远远不会达到影响身高的程度。

7 结语

最后，我来总结一下这一章的重点内容：

· 2岁以下的儿童最好不看电视、手机、平板电脑等；

· 6岁以前的儿童每次保持一种坐姿不应超过1小时，包括坐汽车安全座椅、餐椅、推车等，尽量减少儿童的久坐时间；

· 0～5岁阶段，原则上不建议进行专业竞技运动训练，运动项目的学习以兴趣、游戏为主；

· 对于1～5岁儿童来说，每天的身体活动累计时间应在3小时以上，包括如站立、走动和玩耍等低强度活动，以及如游戏之类的稍剧烈的活动。幼儿身体活动模式的典型特征是暂时性、爆发性、间歇性，3小时身体活动应该在全天内累计，而不是一次性累计。这个阶段最重要的是物理活动的数量和性质。幼儿的身体活动应该是有趣的，重在鼓励探索和引导发现，并注重积极地玩耍；

· 5岁以后，每天进行60分钟的中、高强度身体活动。

Chapter 8

第8章

运动脑

动手改变大脑，揭秘孩子指尖上的智慧

在本章中，我将跟大家分享孩子的精细动作与大脑发展这个话题。不知道大家有没有注意过孩子手部动作的发展？有没有观察过孩子都用他的双手做过些什么？

有的爸爸妈妈可能已经发现了，孩子喜欢用手抓东西、撕扯东西。比方说，有个家长曾经跟我们聊，她觉得天下的孩子都特别爱撕纸。报纸啊、餐巾纸啊、卷纸啊，还有书，孩子都撕过，撕纸好像特别能让孩子开心，但却让家长崩溃，因为撕完纸之后，你要给他收拾战场。不过，我想告诉大家，孩子用手撕纸这个动作，其实就是他在学习的过程，他的大脑在快速地学习！那他在学什么呢？咱们先来聊聊，孩子指尖上的智慧是什么。

1 动作的发展与意义

对于一个儿童来说，他学会的每一个动作都意义重大。动作发展是心理发展的基础，孩子通过动作认识这个世界，特别是孩子手部的动作，和他的认知、情感、社会性都有密不可分的关系。

大动作的意义

孩子的大动作发展，相信家长都很熟悉，“三翻六坐八爬”，说的是婴儿学会翻身、独立坐起，还有爬行的大概时间。1 岁左右，婴儿学会行走。

大动作的发展有两个目标。第一个目标是，随着孩子学会这些动作，他就越发不需要依赖大人去行动。如果他想去卫生间玩水，他就可以自己走着或者爬着去。所以，大动作发展的第一个目标就是让孩子独立地在空间中行动。第二个目标是解放孩子的双手，因为孩子要通过双手来认识世界。手是人类非常敏感的感知部位，我们通过双手来认识物体的性质，将来还要用双手使用工具。

因此，在大动作发展得差不多的时候，孩子便开始发展精细动作。在这时，我们需要更注意家中物品的摆放和孩子的安全，但我也想恭喜大家，孩子的认知能力进入了一个新阶段，他开始用他的双手，自由地、快速地探索更广阔的空间，还能学着用双手照顾自己，吃饭、洗澡、穿衣服，开始了个体独立的征程。

精细动作的意义

精细动作是与大动作相对的概念，它主要指手部，尤其是手指的小肌肉或小肌肉群协同完成的动作，你也可以顾名思义地去理解，它是精准度更高的动作。精细动作虽然小，但孩子需要很长时间的学习和练习才能熟练掌握。简单的精细动作有抓握，如拿球、抓起勺子，婴儿在4～6个月的时候，就开始用手抓物品、移动物品了。稍难的动作有捏豆子、转动瓶盖、扣扣子等，孩子在3～5岁可以熟练掌握这些动作。

对手的肌肉协调性要求最高的，则是工具的精准使用，如写字、画画、用筷子吃饭、剪纸的时候剪出特定图形等，孩子3岁就会拿起工具随机地进行这些动作，但要控制得好、熟练使用，要到6岁以后。

精细动作与认知发展关系紧密，二者在大脑神经发育中共享一部分脑区。有研究发现，学前儿童的精细动作熟练程度，可以预测他们在小学低年级的阅读和数学成绩，也就是说，这些精细动作灵活的孩子更聪明。

从进化的角度来看，精细动作也有相当重要的地位。精细动作和语言是人类区别于其他动物的两个重要特征。儿童在 2 ~ 3 岁学会的“钳指”，也就是“三指捏”这个动作，被认为是人类与猿猴的关键区别。

想想看，绝大多数哺乳动物都是四脚站立的，连解放双手的机会都没有，更没机会锻炼精细动作了。而能够双脚站立的人类的大脑，则在锻炼了几万年手部精细动作之后，相比其他动物发展出了本质的不同。所以，精细动作是人类智慧的体现。

2 孩子的智慧在他的手指尖上

意大利儿童教育家蒙特梭利说过一句话：“孩子的智慧在他的手指尖上。”我非常喜欢这句话，它跟我们中国的一个成语

“心灵手巧”是差不多的意思。

精细动作的熟练，在一定程度上与智力表现有关联，那么，这种关联是怎么发生的呢？为什么“手巧”的孩子也“心灵”？这就要求助脑科学，看看我们大脑的结构和手的动作有什么关系啦。

手与大脑

在大脑顶部中央的部分，是我们的感觉运动中枢。具体是哪块呢？大家可以想象在你的两只耳朵之间架一座桥，形成的这一块长条的区域就是感觉运动中枢。

这座桥靠近我们脸部的一边是运动中枢，控制着身体部位的运动；靠近后脑勺的一边是感觉中枢，接收身体各部位的感觉信息。我们可以通过身体部位在感觉运动中枢中占据的比例，来看看它们的重要性。不管是在感觉中枢，还是在运动中枢，都是人的面部、嘴巴和手占据地盘最大的区域。的确，在感知这一边，我们的脸部、嘴唇和手指都是敏感的感知器官，用来接收各种信息；在运动这一边呢，我们经常要用嘴巴说话，用手使用工具，做各种活动，还要用脸部做各种表情。难怪它们在大脑皮层中占了那么大的地盘。

假如，按照我们身体部位的感知运动功能在大脑中所占的比例来设计人的身体的话，我们就会变成一个个大脸、嘴唇厚实、大手大脚的瘦子。那么，我们的脸、嘴巴、手所占的“大脑地盘”更大，意味着什么呢？很简单，在大脑中占据区域越大的身体部位，这个部位的发展就跟大脑发育关系越紧密。

我们知道语言对孩子的重要性，现在我们发现，手的动作几乎和嘴巴同样重要。之前你可能只认为，大脑结构是动作的神经生理基础，但其实，动作对于大脑的发育具有反向的促进作用，动作技能的动态变化也会对大脑结构产生可塑性影响。

有研究发现，那些常年练钢琴的孩子，他们大脑中感觉运动中枢的手部占比就更高，因为大脑要更多地练习复杂的弹钢琴动作，所以“手”在大脑中的地盘变大了，孩子对手的控制能力就更好，手部更灵活，意味着他们大脑的执行功能更强。

手与思维、语言

建立外界的心理表征

手的动作除了跟大脑结构有关系之外，跟孩子的思维发展也有关系。著名的儿童心理学家皮亚杰认为，动作是孩子与环境互动的工具，在孩子跟外界互动、操作物品的时候，他的思维得到建构和发展。

我们来举个例子：孩子抓起身边的一个毛绒玩具，这时他的手开始认识玩具的各种特征。这个玩具是温温凉凉的、软软的可以捏、表面绒绒的、形状是圆的、不是方方正正的。孩子吃饭的时候又抓起一把面条，他会感觉到：这个东西是烫烫的、黏黏的、长条形的，一捏就断了。

他对玩具、面条的心理表征就是通过这样的动作经验建立起来的，这是孩子认识事物、形成概念的重要基础。所以，在保证安全的前提下，我鼓励大家让小朋友多动手玩生活物品，捏一捏、砸一砸，包括撕纸，都可以。

除了认识物品的特征外，手还可以帮助孩子感知空间。例如，孩子走到桌子旁边，开始探索一个抽屉，他发现，抽屉里面有个小空间，通过推拉的动作，他可以操控、移动这个小空间。

手势与语言

孩子的手不仅是要玩东西那么简单，有时候没在玩任何东西，孩子的手也会动。他在干什么呢？其实，孩子是在跟我们做手势。做手势是孩子在学会语言之前，一个必经又重要的阶段。

教育心理学家维果斯基认为，语言是思维的外部体现，而更好地获得语言、获得概念，幼儿需要先理解和运用手势。1 岁以内的婴儿，已经开始使用简单的手势。比如，他会指向一个东西，嘴里跟你哼哼唧唧，你就知道，哦，孩子想要那个东西。再比如，孩子的身体朝你前倾，双手打开、抬高，他想跟你表达的是“来抱我”或者“我要举高高”。

你看，在孩子学会说话之前，他就已经在理解和使用手势了。有研究发现，在前语言阶段使用的手势越多、越丰富的孩子，跟那些手势不够丰富的孩子相比，在会说话之后的一年里，他收获的词汇量更多。

孩子学数数的时候也是一样，通过手势，他才能理解数数的意义。孩子是怎么做的呢？例如，孩子面前摆了3个苹果，他伸出手指指向第一个苹果，然后嘴巴说“1”，借助手的这个动作，把第一个苹果和“1”对应上了。然后“2”和“3”也是一样，通过手势的指向，把物品和口头的语言一一对应。

还有算术。我知道有的长辈在教孩子学加减法的时候，可能担心“数手指”是一个“低级”的方法，希望孩子用“高级”的心算，就在孩子想用手指计算的时候，强迫孩子不许用手。但其实，手指在算术中的作用和理解数数是一样的，它是一个可视化的工具。学前儿童的思维抽象程度跟成年人差得很远，我们不能逼着孩子跳过可视化的方法，直接学会抽象的心算。数手指是孩子自发的策略。正是这样，孩子先借助手来具体地学习，才能让思维和语言发展到抽象的层次。

3 勤动手，玩出聪明大脑

说了这么多，其实是希望大家知道，手的动作对孩子的认知发展太重要了，越会动手的孩子就越聪明。

下面我们就来说说动手的事，我们怎么帮孩子练习精细动作。这个部分，我们分两个年龄阶段来说。

3 岁以下儿童的精细动作活动

对 3 岁以下的小朋友来说，精细动作的目标很简单，就是能探索各类不同的物品，以及简单完成生活自理的活动。

探索物品，听起来不难，不过，在物品准备上，家长需要稍微花点心思。给小婴儿准备的物品，先要保证安全，然后要选特性不同的东西。例如，光是球这一种玩具，就可以找到很多“变种”——大的球，孩子一只手只能握一个；小的球，一只手可以握住好几个。还有材质不一样的，软的、硬的、毛茸茸的球，还有玻璃球、能发出响声的球等。你还可以选一些本身带有把手，适合抓握的玩具，如带抓环的铃铛、拨浪鼓等。对有套环、有孔洞的玩具，让孩子把玩具套在柱子上，或是把手指穿过去、拿出来，这个过程会让他觉得很神奇。

把玩具准备好以后，我们陪着孩子一起玩，让孩子学我们的动作。例如，把一个玩具在两只手之间传来传去，或者把玩具放进盒子里，再从盒子里拿出来，演示怎么给瓶子开盖，还有最经典的撕纸、折纸，等等。

生活自理方面，孩子可以从自己吃饭练起，先可以用手抓着吃，再慢慢过渡到使用餐具。抓握餐具的练习，甚至可以更早开始。在给孩子喂水、喂辅食的时候，你拿着勺子把食物喂到孩子嘴里，让他的一只手也握着一把勺子，让他知道，手里拿的这个东西是和吃东西有关联的。

在孩子差不多2岁的时候，他就可以进行穿衣服、穿鞋子的练习了。这时候孩子还小，我们给他选简单的小褂子，还有不需要系鞋带的鞋，让孩子学起来更有成就感。

3岁以上儿童的精细动作活动

3岁以上的孩子，在生活自理方面可以挑战一些更难的活动了。例如，从4岁开始，孩子可以在大人帮助下用筷子吃饭，女孩子可以学妈妈给自己扎小辫，或者给小伙伴、妈妈编辫子。孩子也可以跟大人学习系纽扣、系鞋带这些动作了。

跟幼龄孩子不同，3岁以上的宝宝精细动作水平更高一些，也更有安全意识，这时我们可以让他练习使用工具了。你可以给孩子买一把安全剪刀，让他先随意剪纸，找找感觉，然后比着图形的轮廓来剪。或者给孩子买一盒橡皮泥，开始先探索能用哪些动作玩橡皮泥，如捏、压、用工具刀切等，然后大人再给予一些指导，教孩子如何搓小球，如何搓出一根圆棍，还有如何制作特定的形状等，让孩子用橡皮泥制作他心中的场景。玩橡皮泥除了能锻炼精细动作之外，对创造力也是很好的培养。

孩子大概3岁的时候就愿意拿笔随意涂画了，这个时候因为他的手部控制能力有限，就只能画一些歪歪扭扭的线条。其实孩子心里肯定有他想画的东西，我们要保护好孩子的兴趣，理解孩子在最初学写字、画画的一两年里，精细动作的进步是比较慢的。

除了使用工具，孩子还可以玩折纸、手影这样的游戏，有趣又有成就感。记得我小时候很迷恋手影游戏，用自己的双手就可以变出小猫、鸽子、兔子等动物，相信你的孩子也会喜欢的。还有手指操活动，可以配合童谣来玩，相信大家见过不少。下面我介绍一个很简单的、走在路上都能玩的方法。

伸出两只手，一只手比“8”的手势，一只手比“4”的手势，这叫“一枪打四只鸟”。玩法就是一边说“一枪打四只鸟”，一边两手交换动作，目标是做得又快又准确。大家现在就可以试一下，要想做快的话，对大人和孩子来说都很有挑战。大家还可以自己设计简化版来锻炼手指的灵活性，如“八六一六八”，甚至更简单的“三五一五三”。

4 容易被忽视的手眼协调能力

到这里，我想介绍给大家的活动还没有说完。不过，我下面要介绍的活动，会涉及一个大家容易忽视的能力，叫作手眼协调能力。

手眼协调能力是什么

手眼协调能力是在儿童发展精细动作时发展出来的一种能力。跟身体动作的协调不一样，手眼协调指的是手的动作与视觉的灵活配合。你可以想象，你的手上长了眼睛，手就知道自己的位置啦。这个能力是手与眼睛在动作过程中不断合作锻炼出来的。

举个例子，孩子看到一个小鸭子玩具，这是他的视觉。然后他的视觉指导着他的手去够到、抓住这个小鸭子，就是手眼协调。如果不协调的话，就会扑个空啦。

手眼协调要求我们的手部或手指与眼睛精准协作，如穿针引线、串珠、写字、画画，这些活动需要精确的定位，所以要通过手眼协调来帮我们完成。

手眼协调能力比身体大动作协调能力要求更高，需要好视力和灵活的手指。研究发现，学龄前的男宝和女宝相比，女宝的精细动作、手眼协调能力发展得更好，男宝则是在大动作、运动能力方面更好一些。

我身边的孩子好像真的是这样，多数女孩子做针线活比男生要好，女生写字也比多数男生要漂亮。我想，可能是因为女孩的身量普遍比男生小，手指也更细长，所以容易做好这种精细的动作。

如何锻炼手眼协调能力

如果想锻炼孩子的手眼协调能力，首先就要多运动。运动一方面可以锻炼身体的协调性，另一方面，能让孩子保持健康的体态，避免身体肥胖，这样给精细手眼协调的锻炼打好了基础。手眼协调的锻炼从小宝宝时就可以开始了，生活中的吃饭、喝水其实都需要手眼协调，因为孩子需要把食物送到嘴里。可以练习手眼协调的游戏有抓球、投球、粗绳串珠、套环等，它们都需要眼睛跟手的配合才能实现。你还可以让孩子跟你学“嘟嘟飞”（左右手的食指对在一起，然后一边喊“嘟嘟飞”，一边分开手指）这个动作，练习把两个手指精准地对到一起，这对1岁半以下的小宝宝来说还是蛮有挑战的。

大部分手眼协调活动涉及用手使用工具，所以更多的练习活动是3岁以上的孩子做的。经典的手眼协调活动有画线和剪纸。大家应该见过“连点成线”的简笔画，还有利用半透明的图画纸来描线的画册，这些都是非常适合小朋友练习手眼协调能力的工具。在孩子画线的时候给他一个提示：“下一步你该画到这里。”通过这样的方式，把手眼协调这件事情变得可视化，让孩子专注了，并且练习了对画笔的控制。等孩子在描线上做得比较熟练后，就可以练习自己画直线的图形，如长方形、三角形等，然后过渡到曲线图形，如圆形、波浪线等。

剪纸跟画画差不多，也是要给孩子时间，让他慢慢学着剪直线，然后剪曲线。让孩子做剪报、剪杂志就是很好的练习，还可以收集孩子喜欢的图案。如果是比较复杂的图形，家长可以在图形外周简单描个轮廓，这可以帮孩子降低难度。

至于让学龄前的孩子学写字，大家可以不用太着急。如果孩子喜欢写，那就让他多写写，临字帖也是可以的。但需要注意的是，在教孩子写字时，我们不要直接评判孩子写得好或者不好，因为孩子用手控制工具的能力有限，不能拿我们大人的标准去要求他们。他喜欢写，写出来有成就感是更重要的，慢慢地，他会要求自己写好的。

5 不代劳，鼓励孩子多动手

在帮孩子练习精细动作和手眼协调能力的过程中，大家可能会遇到一些问题，如某个动作我家娃怎么就学不会？或者学两下就不学了，非要父母帮忙。我想告诉爸爸妈妈们，动作能力这件事和认知能力一样，每个孩子之间有个体差异，而且，孩子掌握精细动作本身就是一个缓慢的过程。因此，我们不能期望孩子一上手就做得很好或者很快掌握。学习任何一个新东西都有一个过程，这对孩子和大人来说都一样。

你该注意什么呢？很简单：孩子动手，我们放手。让孩子亲自动手练习、重复练习，这非常重要。那些对孩子有难度的活动，可以从大人辅助开始，慢慢过渡到让孩子完全独立去做。大家可能担心自己帮孩子做了，孩子就不肯做了，总让家长帮忙。对此，我给大家两个建议。

第一，看到孩子失败的时候，家长不要忍不住代劳。亲手做是最直接的学习机会，孩子失败了没关系，至少他做了，这就很棒，我们不需要去帮他做到100分。谁还不是要练习多次才能把一件新的事做好，对吧？练习得多了，孩子就能感受到自己的进步。

第二，要多陪伴、观察孩子。观察要细致一些，看看孩子做到什么程度了，他的动作到底哪里做得好、哪里做得不好。对好的地方，给他具体的表扬，针对不足，则提出具体的行动建议。因为表扬会让孩子有成就感，具体的行动建议能让他看清楚自己够得到的目标。

给大家举个例子，说说我小时候学写字的故事。当时我还有几个月就要上小学了，姥姥教我写自己的名字，她说，“张”这个字写得很好了，特别是左半边的“弓”，写得比姥爷还好看。姥姥又说，“萌”字写得不够漂亮，要把“月”的顶头写得比“日”的顶头高一些，这个“萌”字就漂亮了。

孩子能记住的是具体的行动建议。我姥姥说的这些话，直到现在我都记得，每次我写自己的名字，都会记得把“日”字写矮一点、“月”的顶头写高一点。

6 家长问答

问题1

2岁9个月的宝宝，他小的时候吃饭喜欢用手抓着吃，那个时候没有管他，任他这样抓着吃食物。现在大了，学会了用勺子吃饭，但很多时候还是很喜欢用手抓食物吃，有时就是在玩食物。告诉过他不可以玩食物，食物是用来吃的，但他非要用手。要阻止他用手抓食物吃或者玩食物吗?

回答1

这位妈妈提到的是孩子比起用勺子，更喜欢用手吃饭的问题。我看到你的孩子是2岁9个月，其实这个月龄的宝宝还没有完全习惯用餐具吃饭是完全正常的，一般要到3岁以后孩子才能稳定地、熟练地使用餐具。

孩子喜欢用手抓食物，那就说明他还在通过抓食物来感受食物的特性。这位妈妈说孩子“就是在玩食物”，我想说的是，孩子想通过玩、操作食物，来研究这个东西到底是怎么回事，和他平时接触的其他东西有什么不一样。孩子现在这个年龄还没有抽象的“食物”和“非食物”的概念，在他看来，食物是可以用来玩、用来探索的，哦，它还可以吃。其实在孩子充分了解食物的特性以后，他才能慢慢理解原来“食物”和他的玩具、桌椅是不同类别的东西，他才真正能从概念上区分。

如果你之前对孩子阻拦比较多，那我建议还是先放手让孩子玩一玩。这样用手拿食物确实会不小心把餐桌和地面弄脏，但是把这个事情跟孩子的认知学习去比较，我觉得还是孩子学习关于事物的知识更重要。我们可以给孩子配备合适的小餐桌，给他一个自由探索的空间。

那么，在他探索食物的同时，你也要在一旁用语言去引导他，让他把学习到的特性，还有他的动作和语言对上号，这样他可以学得更好。例如，“宝贝，你现在拿的是一颗葡萄，它是紫色的、圆圆的。哦！你把它挤了一下，你看，葡萄就碎了，还有好多汁水流出来了。汁水会喷得到处都是，喷到你手上，小手是不是黏黏的？你尝一下，这个葡萄是甜甜的，好好吃。”

我相信，当孩子充分探索食物以后，他下一个关注点就是要学着大人的样子，用勺子、筷子吃饭了。

问题2

儿子1岁9个月，力气很大，但跟差不多大的孩子比起来，手指明显不太灵活，拿小的东西需要试多次，如拿地上爬的蚂蚁，手指刚捏合在一块，蚂蚁早就溜了。有时他没耐心拾起小东西，就甩着两手在东西前左右挥动，给他买的积木他最多搭到4层就莫名推倒，串珠也不太爱玩。别人说是因为儿子小时候爬的时间太短导致的，他从爬到站起来走路，中间也就一个多星期。真的是这样吗？请教老师，我该如何培养他的手指灵活性？

回答2

看这位家长的描述，你觉得孩子的精细动作发展有点落后，看到同龄的小朋友手指动作比自己的儿子更灵活。这其实只是个体差异，每个孩子的发展轨迹是不一样的，而且男孩子精细动作的发展要比女孩子慢一点。

你家小朋友对小东西非常有兴趣，拿小东西，还有抓小蚂蚁，虽然还不能做得很好，但是孩子愿意尝试，这就是一个很好的现象。1岁9个月的宝宝，要让他一下子捏起一个小蚂蚁，这件事真的不容易，有的小朋友6岁的时候也做不到一抓一个准，所以家长对孩子的期待有些过高啦。

那么，这件事与孩子只爬了一个星期有没有关系呢?我认为并没有。爬行锻炼的是腿部和躯干的肌肉，并不是手部小肌肉群，而且每个孩子的爬行姿势、爬行时间都不一样，不能一概而论。如果想练习手指灵活性、练习精细动作的话，可以试着从大一些的东西做起，如乒乓球、大芸豆，让孩子去捏住、拿起这种大颗粒的东西，然后传递到另一个容器里去。你会发现，如果让孩子有一些成就感的话，他还是会很有耐心的。然后再让他去玩串珠这种比较有难度的游戏。

至于你提到的，孩子搭积木搭到4层就推倒，这也是他这个年龄阶段的正常表现。孩子在通过动作去理解“高的物品会被推倒”“我有力量把积木推倒”，通过这些事情，他是在认识这个世界的一些最基本的规律。这些规律我们已经很熟悉了，但是对孩子来说，还是很新鲜的知识，而且他会重复多次来验证，这个规律是不是稳定的，从而确定这个世界是有规律可循的。

问题3

宝宝21个月大，会穿裤子、袜子和鞋，会解衣服扣子和扣扣子，就是吃饭时还会洒一身。勺子头拿得高，握柄拿得低，用勺子喝粥时常常会全部洒掉，这个是不是属于手眼不协调呀？ 还有，同事家的宝宝22个月啦，现在会拿笔了，像大人一样用笔，这样的宝宝是不是智力非常高呀？她家里老大现在上小学了，听说老大经常在家里画画，所以老二看着就学会了。

回答3

这位宝宝在我看来很厉害哦，会穿裤子、袜子和鞋，还会系扣子和解扣子，作为一个不到2岁的宝宝，很棒！那么，妈妈发现孩子吃饭时会洒，确实是孩子的动作还不够熟练导致的。其实，就算是同一个孩子，他学习不同动作的时间也有早有晚。就像你家的宝宝，穿衣、穿鞋做得很棒，但是吃饭还不太好，说明你的孩子做单纯的手部动作超过一般水平，但是使用工具来吃饭的动作还处在正常的发展水平。

可能是因为你看到同事家差不多月龄的宝宝，已经可以比较好地拿笔了，所以希望自己的孩子也能做到。这还是个体差异的问题，孩子和孩子之间不一样，即使同龄的孩子间也会很不一样。说不定那个宝宝并不能像你的宝宝这样，自理能力这么强。同事家有两个孩子，的确二宝平时会去模仿大宝的行为，跟同龄人学习，或者至少是跟大孩子学习，对小朋友来说，效果还是不错的。

在用勺子这件事情上，你观察得很细致，就可以帮孩子练习，让他注意到，勺子头拿高了，所以食物会掉出来、会洒，如果咱们能控制小手，把勺子拿得平一些，粥就不会洒了。可以让孩子慢慢地去练习这个动作，给他一些时间去掌握。

问题 4

9个多月的宝宝，特别好动，也特别喜欢把玩具放进嘴里，玩具什么的都还好，卫生纸撕着玩也能接受，就是卫生纸会塞嘴里，抠不出来自己就吃掉了……不知道该如何引导她，除了给她空间和玩具让她自己玩之外，不知道9个多月的宝宝可以和妈妈玩一些什么游戏？现在宝宝爱站着，不太爱爬了，还有必要继续引导她爬行吗？

回答 4

这位家长的问题，很多家长都来问过。基本上都是1岁以内的宝宝喜欢撕纸，然后把撕的卫生纸塞进嘴里了。对于这么小的婴儿，大家确实会比较担心。卫生纸的安全程度还可以，建议这位妈妈观察一下，当孩子吃下纸以后，有没有什么异常的表现？如果没有的话，那吃下去一点也没太大问题。当然，我们不是鼓励孩子吃卫生纸，你还是需要跟孩子说："宝宝，这个是卫生纸，是用来擦手、擦屁股的，不要吃。"

我觉得大家更需要注意的是小件的危险物品，一定不要放在孩子容易接触的范围内，如电池，一旦孩子吞下，会危及生命，要立即送去医院。在给小婴儿练习精细动作的时候，也不要选太小的物品，如小绿豆、小珠子这种物品其实对婴儿练习精细动作帮助不大，如果被孩子不小心放进嘴巴或是鼻子里，反而会有窒息的危险。

至于爬行这件事情，爸爸妈妈们真的不必太有执念，依照孩子自然的发展来就可以，尊重他选择的那个动作。毕竟，爬行不是孩子动作发展的必经阶段，有的孩子爬的时间很短，甚至还有相当一部分孩子没有爬就直接走了，这都是正常的，大家不必担心，也不要把孩子爬行时间太短和未来的其他问题关联在一起。孩子毕竟长大了，之前爬行的时间无法弥补，只会使家长徒增焦虑。

问题 5

女儿差一个月满3岁，从很小就喜欢用左手，左手拿勺子、拿筷子、拿笔画画，但左右两个手一起配合起来就比较少。应该怎么训练双手合作？另外，听人说小孩子6岁以后学写字最好还是用右手，因为左脑负责图像，而中国的汉字是象形文字，用右手写更好，是这样吗？

回答 5

这位家长问到了关于左右利手的事情，有很多家长也很关心这个问题。首先我想告诉大家，左右利手没有好坏之分，尊重孩子的发展是最理想的情况。

其实，一个人是左利手还是右利手，是由基因决定的，全世界有大约1/10的人是左利手，也就是常说的左撇子。美国总统奥巴马就是左撇子哦。

如果你想知道自己的孩子是左利手还是右利手，可以在孩子3岁以后给他做个测试。为什么是3岁以后呢？因为3岁前孩子还没有形成很稳定地使用哪一只手的习惯，就不准确了。测试的方法就是，由家长去观察孩子，在一些基本生活动作上，他的习惯用手动作，如写字、拿筷子、扔东西、刷牙、用剪刀、擦火柴。如果孩子在这六项活动上都由左手主导，那他就是左利手，反之就是右利手。或者更简单的方式是，你双手拿一个物品，如牙刷，递到孩子面前让他拿走，看看他用的是哪一只手。

假如你发现自己的孩子是左利手，你可能会有点担心，希望孩子更多去用右手，因为毕竟大多数人是用右手的呀！我个人不建议大家把左利手的孩子硬掰成右利手，这种扭转对孩子的发展并没有好处。如果你的孩子真的是左利手，我希望家长接纳孩子，不要把孩子当成另类。如果孩子遇到一些跟左利手有关的困难时，没关系，因为市面上还有一些专门给左利手准备的工具。

至于怎么训练孩子的两只手合作，只要找一些需要双手配合的活动就好啦，如“嘟嘟飞”、两手交替传球、剪纸等。至于“左脑负责图像，中国汉字是象形文字，所以用右手写更好”这种说法，是完全没有根据的，左右脑虽然有一些擅长功能的区别，但是它们更多的还是协作去影响我们的认知和动作。

7 结语

本章讲了这么多内容，记起来也不是那么容易。请大家和我一起伸出一只手，我们用5个手指来总结一下主要内容。

• 大拇指，它代表手在儿童发展中的重要位置。手的感知功能，促进着孩子对世界的探索；手的运动功能，让孩子的思维得到外部的体现，又能促进孩子的抽象思维发展。因此，我们要让孩子多借助手来学习。

• 食指和中指，是我们最灵活的两个手指，所以它们代表与手相关的精细动作，钳指、多指捏的动作都要用到食指和中指。精细动作是动作能力和思维能力的新台阶，大家可以根据孩子所在的年龄段，让他们做适合的双手活动。

• 无名指，代表我们容易忽视的手眼协调能力。手眼协调对我们意义重大，平时的运动和高级的智力活动都需要它的参与，只要我们稍加注意，就能让孩子锻炼手眼协调。

• 小指，它代表我们的孩子，虽然他们还小，但是他们也需要独立自主，我们要让孩子多动手、自己动手，慢慢做到快速地、熟练地应对各种问题。

本章的内容，我们用一只手就总结过来了，希望大家可以记住你手上的这些知识点，让我们的孩子也多动动小手，提升动手能力，开启智慧的大门。

Chapter 9

第9章

创意脑

小小探索家：从小建立 STEM 思维方法

你或许听过当下流行的“STEM教育”，知道这个词代表着与科学、技术、工程和数学等学科有关的教育，你可能不知道的是，听起来“高大上”的STEM教育，其实可以从小朋友的孩童时期开始做起。

你一定想知道，STEM教育的核心是什么？如何培养孩子与STEM相关的能力？本章内容将会让你对这些问题有一个全面、清晰的认识，帮助孩子从科学探索和动手实践的过程中获益。

1 STEM是什么

STEM其实不是一个潮流词汇，它是科学（Science）、技术（Technology）、工程（Engineering）和数学（Mathematics）四个词英文首字母的缩写。

很多国家在早期教育发展中推行STEM，不断加入新的字母，如STEAM，加入了“A”（Art）艺术的内容，也有文献加入“R”（Reading）阅读，变成STREAM，以及出现STEMx、STEM+等延伸。

虽有各种组合的呈现，但是STEM的核心仍然是通过动态学习，探索、发现、动手和创造，整合各学科知识，培养学习动机和兴趣来解决问题。

在美国，STEM是由国家科学基金会在2001年提出的，从奥巴马时代开始大力推行，并成为增强国家竞争力的一个重要教育目标。STEM是一个产业与教育结合的典型案例，2015年美国出台了《STEM教育法》，针对未来人才的培养，提出学习者在最新科技时代应该具有的STEM能力，将其作为一个增强国力的重要教育政策。近年来，英国、德国、澳大利亚等发达国家都在教育和产业中积极加入STEM元素，使STEM逐步国际化。

其实“数理化”在各位父母成长过程中都不陌生，都属于基础的科学学科。STEM 教育之所以成为热点，是因为需要帮助新兴经济体抓住信息技术和互联网革命带来的发展契机。各种与STEM相关的新兴产业呈现大热趋势，如近年来我们日常生活中的电子支付平台、人工智能产业、无人驾驶汽车、重型火箭、大数据、3D打印技术等新兴产业和产品。

这个时代在飞速变化，我们确实无法预测孩子在20年后的具体工作场景。但培养孩子的STEM素养，是使他们具备全球人才竞争力的一个关键。

2 STEM早期教育的特点

从“保护蛋”活动看STEM

好奇宝宝们天生就是小小科学家，孩子们喜欢发现问题，并乐于参与解决问题的过程，他们也是天生的小小探索家。在幼儿阶段，STEM并不应该以学习学科知识为主，而需要融会贯通各个范畴的知识，通过幼儿的参与来解决生活中的一些实际问题。以下用一个很受欢迎的例子“保护蛋”来解读STEM在早期阶段的特点。

思考动机

“保护蛋”通过实际生活中的问题，引导小朋友开始思考解决问题。鸡蛋容易破碎，如何能够在运送过程中保护蛋不受破损？只要留心就会发现，孩子的好奇心是天生的。买回来鸡蛋或者鹌鹑蛋，他们会发现装鸡蛋的盒子很特别。这些盒子是什么材料做的？为什么盒子的特殊形状可以保护蛋呢？

科学的概念

从鸡蛋壳的质地和特点出发：为什么易碎？鸡蛋的形状，以及保护鸡蛋的材料各自有什么样的特点，这些都有科学的元素在其中。孩子们可以观察各种保护蛋的材料，如塑料泡沫的特点、纸质鸡蛋盒的特点、塑料鸡蛋盒的特点等。通过观察、触摸、探索来了解这些材料，如结构稳固性或者材料的质地等。

数学融入

不同的材料有其特别的形状，幼儿可以观察形状及数量。当幼儿进入设计阶段后，就会运用不同的材料开始设计保护鸡蛋的方案，如形状上的变化及数量上的考虑，这属于数学的基本概念。

科技融入

除此之外，孩子们还可以用网络查找资料，找寻各种不同的可行性材料和方案，增加自己的知识和能力，这就是科技的融入。

工程融入

关于鸡蛋的保护材质延伸，如用草、木头、纸等材质变化成不同形状来保护鸡蛋。然后请孩子们一起探索和实验。在实验过程中，小朋友们有高度的自主性和参与性，如使用报纸、皱纹纸、胶纸等材料，这属于工程中对材料的选择和使用。

艺术融入

在此过程中，时常会有一些图纸的设计，这一类属于艺术创作的领域。幼儿经常通过画画来表达自己的设计，或者运用不同的媒体，甚至通过自己的肢体来创作。例如，幼儿会设计一个关于鸡蛋的戏剧活动，孩子会在其中融入角色，用皮影戏等方式来表达。

在网络中可以查找到大量保护蛋的STEM案例。关于保护鸡蛋的设计，不同的方式都结合了科学、技术、工程和数学四个领域，并通过大量的实践和探索，让小朋友在实践和解决问题的过程中获得了综合的“大科学”的知识。

STEM活动中的提问

在STEM活动中，小孩经常在提问：

“这是什么？为什么啊？”

“怎么会这样呢？”

“这个从哪里来的？”

“我能试吗？”

“为什么不行？”

这些都是孩子们学习的过程。他们出现对事物的好奇心和动机，并产生认知方面的冲突。他们有时候会出错，有时候因认识的事物有限而出现阻碍和困难，这些正是学习的关键时刻。他们经常会在活动中出现冲突，但经过思考和执行，会在改良的过程中获得新的经验。

STEM的教育内容：四个学科范畴之间的关系

STEM 所包含的四个学科不是孤立的，而是存在着紧密联系的。在科学的探索和发现中，会包含数学的元素，但是我们所看到的数学元素就是一个广义的数学，不仅是加减乘除，而是包含了排序、测量、数量、方向、形状等方面的内容。

例如，刚刚例子中关于设计保护鸡蛋的装置，学习者会在探索中涉及测量、数量及形状等数学概念，并且运用材料进行设计和制作，这是工程类知识。对鸡蛋的特点的了解，是生命科学范畴的内容。在学习中通过科技手段获得资料则是科技的运用。四个学科范畴的整合，让学习者深度体验技术的结合和运用，从而解决问题，创造了生活中使用的产品。因此，孩子们变成了知识的主人，获得主动学习的机会。

STEM教育的核心：解决生活中的问题

传统学习以老师传授知识为主，STEM教育则主张以学生动手解难的方式来推行。学习是通过观察来发现问题的，然后通过从不同学科获得的知识进行统筹，以获得解决问题所需的相关知识。

以动手解难为基础，让孩子在过程中进行实践，相比在传统学习中需要孩子重复操练以牢记的效果要好。

STEM教育激活了孩子深层次的思考，让不同范畴的知识融会贯通，在大脑内复杂构建的神经网络中形成更多的回路，并加以探索实践，以及表达自己的发现或者方案，使学习在更有效益、意义及趣味下进行。STEM活动是不断挑战思维的方式，整个过程中充满了探索性的思考。

3 STEM活动的内容

下面介绍一些不同年龄孩子尝试STEM活动，来帮大家理解和准备STEM的学习。

以材料来看，分为不插电和插电的STEM活动。

不插电的STEM活动

水中开花

爸爸妈妈可以准备水、纸和一个盆。在这个活动中，可以带领孩子探索水的张力。将折好的纸花放入水中，水的张力会让花瓣打开，形成水中开花的效果。

★ **原理：纸张的纤维被弯折后，因为纸张吸附水（毛细作用），**

从而促使纤维恢复原状，被弯折的纸花就呈现打开的现象

★ 科学能力：水的毛细作用

★ 数学能力：花瓣数量、大小、形状

★ 工程能力：折纸的过程，或用不同质地的纸张折花，形成不同的花和开花效果

★ 科技能力：影片摄录，回顾过程

爸爸妈妈在这个小活动中参与程度很高，目的是可以通过小的STEM活动，唤起孩子对生活的好奇心。

在这个过程中，有很多高质量的亲子互动的环节，如折纸的过程示范，可以和孩子一起完成。小朋友可以在折纸上画画，有很多语言交流的过程。另外，把物体放入水的过程中，也可以有许多高质量的提问。

★ 预测的提问："你觉得纸花会怎么样？"

★ 在观察到水的张力的时候，可以对孩子进行引导："为什么？什么原因让纸花开花了？"

★ 可以让孩子延伸体验张力的效果。

这个活动适合的年龄段比较广，2岁以上的儿童都可参与其中的步骤。但是需留意，爸爸妈妈需要放下自己是知识专家的角

色。如果变成以讲解为主的学习，那传递给孩子的就会过于单一，只是一个知识或者一种现象。更重要的是，我们要教给孩子一种好奇、思考、探索和解决难题的习惯，这就是所说的STEM素养。

插电的STEM活动

现在，发展迅速的科技产品也给STEM带来了很多新奇的体验，如发展迅速的乐高玩具、机器人、虚拟现实、编程App和电子玩具等。

电子书制作器（Book creator）

这是一款做电子书的软件，可以让儿童通过记录自己生活中的场景或画作，制作自己的电子书。电子书的录制操作简单，可以结合科技和儿童的探索、观察，制作一本有科学元素的故事书。

例如，如何做面包，可以通过电子书记录过程，变成一本声音、图像和文字相结合的小书。关于科学部分，爸爸妈妈帮助孩子找到资料之后，让孩子通过语言和图像表达出来，最终把制作过程转化为自己的知识。

乐高建造者（Lego builder）

在软件中，可以让小朋友通过选择不同的乐高来设计物件。通过形状的选择和地图的概念让孩子选择适合的物料来建造。

这个是一个混合虚拟和现实的体验。大部分幼儿都会用如积木等玩具搭建，在搭建过程中，可以让孩子选择物料和搭建形状，以创造不同的物体。

这个过程能结合数学中关于形状和数量的概念，并让孩子在搭建中反复尝试不同的设计方案，这属于工程中的概念和技巧。

关于乐高积木的使用，很多家长已有经验，但是要特别提醒父母们，需要给孩子足够空间进行自由搭建，而不是一味按图纸来建造一件事物。

建议大家多从基础乐高出发，让孩子可以反复运用不同的组块来尝试。现在太多搭建玩具中已有成人给予的设计，所以孩子的自由度和创意性低了很多，虽然作品精美复杂，但是过程中缺少“组建”。偶尔玩可以，但是过于偏重搭建的难度和结构，就会限制孩子对于空间、物件的创造性。

金属探测仪

这有点像机场过安检时的设备，孩子可以自主进行关于金属的探测。只要遇到金属，就会发出“嘟嘟”声。

通过感官探索，就可以分辨出金属和非金属。可以帮孩子辨别塑料、钱币、钥匙，一些含有金属的物件也可以帮助孩子们了解物料的材质。例如，手机、闹钟、玩具里面是否含有金属呢？孩子们通过自己的操作就能找到答案。

显微镜

现在市场上有10～40倍的显微镜，可以让孩子们放大观察。

电子地球仪

带音频和视频效果的地球仪，如AR地球仪，可以结合现实和虚拟的效果。

机器人与编程玩具

这属于年龄稍微大一些的孩子们的玩具，其中涉及更多将科学、技术、工程、数学相结合的范畴。

例如，乐高已经研发出全新编程机器人，在其中加入了写程序的功能，让孩子们通过摆弄玩具，初步接触编程的概念。并且，让机器人通过孩子自己写的程序动起来。

4 STEM教育的准备期

孩子天生就是小小的科学家、工程师、艺术家。在其学步阶段，就可以开始STEM教育的准备期。

3岁以下：在探索感知中体验不插电的STEM活动

3岁以下的孩子通过感官探索世界，但多数是家庭周围的环境。这个阶段建议进行不插电的STEM探索活动，初步建立孩子对生活的兴趣及探索的习惯，让他们在好奇中不断地学习。STEM活动中的科学和工程的体验在这个时期是比较直接和有效的。注意，只是让孩子们去感知和体验，不用上升到知识、概念的角度。

大多数玩具到了孩子手中，我们都不需要特别去“教”，他们就可以用自己的方法去探索。例如，啃、摸、扔、拍打、看。这些动作是宝宝在自主探索中自然出现的，它们反映了人类对生活无限探索的动机。科学家在关于小宝宝的玩具探索行为研究中发现，宝宝们会自发地根据玩具的特点，对玩具进行打开、关上、拆开、合起来等操作。

例如，植物、动物都是科学中的生命科学范畴，一切与生命有关的不同质地的材料，都是这个时期有趣的STEM活动材料。我们可以用不同属性、不同质地的材料，包括植物、动物这些属于生命科学范畴的、与生命有关的材料，作为在这个时期给孩子进行 STEM 教育的素材。可以让孩子观察动植物的生活环境，例如一棵小花或一条小鱼维持生命需要有哪些相关环境因素，这些观察的过程就涉及许多STEM 相关知识，比如地理科学中的温度、季节、土壤等。

让孩子从感官上触摸是最好的体验。我家一岁半的小弟弟就有他专属的STEM 小宝盒，里面放着他喜欢的小东西。我准备了不同性状的物料，如贝壳、海星、岩石、松果、豆荚等，还有一些软绵绵的材料，如孩子平常用来做手工的海绵、球或者不同的布料等，让孩子有机会触摸。积木和各种搭建玩具也可以让小宝宝去摆弄，让他们的感官丰富起来。

建议爸爸妈妈可以收集一些天然的材料，不一定是昂贵的玩具，平常的玩具中也蕴含了大量有趣的科学元素，而且很生活化，孩子会很喜欢。可以培养他们对生命科学、物理科学及地理科学的兴趣。

提供材料和玩具的时候不要贪多，一个一个拿出来，让孩子有时间慢慢研究。如果材料过多，就会令孩子只顾盘点而少了深入探究的过程。建议逐步添加、转换。

3~6岁：动手探索、整合知识

3 ~ 6岁甚至更大的孩子动手能力强很多了，而且最大变化就是会提问和交流了，已经可以很顺利地和父母一起探索和调查了。

例如，做一个家庭版的高阶沉浮实验。传统的科学实验就是让孩子们测量不同物体的重量，是物理科学的范畴。但是家长们如果可以加入STEM的元素，就会得到更多有趣且高质量的亲子时间。

例如，大家觉得橙子放在装满水的盆里，是沉还是浮呢？换成香蕉呢？这些都可以自由探索，这是STEM活动中的预测过程。

探索得出结果之后，还可以加入天平或者电子天平，小朋友可以称不同物体的重量，如玩具车、橙子的重量，并记录关于重量的结果。这些是数学的概念，是很有效的学习方法。

还可以再加入不同物品制作的小船，例如用不同大小的塑料盘、纸及其他物品来制作小船，以探索不同物品的承重。这又是有关工程学和数学概念的探索。在小朋友兴致浓厚的尝试过程中，也许会画一些不同的设计作品，又可以延伸到艺术领域。

STEM活动的魅力就在于，我们是在整合孩子的学习过程，从探究中帮助他们建立对学科知识的认识，而这些认识又可以建立他们对学习的好奇心、兴趣和自我探索能力。其中，孩子们经历了观察、探索、发现、解决问题及分享的过程。

5 STEM游戏

父母可以在家里和孩子进行一些STEM游戏，通过感官探索过程引起孩子的好奇心，让孩子体会STEM的乐趣。进行STEM游戏的核心原则是：

- ★ 要引起孩子的好奇心，让他对活动有兴趣；
- ★ 通过感官探索，让孩子感知到 STEM 的乐趣，比如最简单的五官感知，跟孩子一起去看、听、闻、尝和摸等；
- ★ 给孩子表达和发问的机会，同时，大人要鼓励孩子展示自己的发现和成果；
- ★ 保持高质量、愉快的亲子时间。

我将通过以下3个适合家庭的STEM游戏来说明，分别为小型鱼菜共生系统、影子探索和面包的制作。

小型鱼菜共生系统：大自然与STEM

鱼菜共生是一个有趣的循环系统，也是一个很好的STEM学习材料。这让孩子们可以观察动物、植物，并了解生命之间的关系。

鱼菜共生系统的设计本身就是一个科技和工程的产物，包括净水系统、过滤系统、照明系统、供电系统，这些都可以激发孩子们的好奇心。让他们可以近距离观察过滤器，从中看到鱼的粪便可以成为水耕的养分。

这个小小的生物循环系统的作用可能超过了很多刻板的教科书，让孩子们可以了解与生命科学有关的生长周期及动植物的环境需求，并且可以对动植物的特点进行持续性观察。

另外，所需的水量、温度，以及喂养鱼所需的食物数量也涉及数学相关知识。

在生活中学习数学和生命科学等都是很有效的方法，让孩子在每日的生活中积累对生命科学和数学概念的理解，如一起数出30颗鱼食及测量水温等。让孩子们从小建立生活中的概念和技能。

除此之外，还有爱的培养，这是在培养孩子时需要恒久关注的一件事情，如爱护动物、关心植物的成长等。爸爸妈妈可以帮助孩子用手机记录植物和动物的生长过程，这些积累下来的场景又是很好的亲子话题。如果可以引导孩子绘画，将自己观察到的事物记录下来，又是一系列有趣的艺术创作。

STEM活动的学习过程很吸引人，而且各种学科知识在学习中不断出现，可以让孩子有一个长期观察和参与的过程，对年幼的孩子而言是很好的体验。

影子探索：户外的STEM活动

影子是最低成本的一个STEM活动素材，随手可得。有时候很多爸妈会说，STEM活动要购买大量的材料，占地方、耗时久、投入成本高。其实，我们生活中有大量触手可及的STEM活动素材适合年幼的孩子。

影子的玩法大有STEM学问，如影子产生及变化的原因是物理学概念，影子的形状是数学中关于形状的概念，关于影子的创作属于艺术领域，如果通过影子制作相关的玩具，如皮影戏，就是有趣的科技和工程角度。

我们还可以研究影子，用相机或手机记录下来，还可以玩亲子追影子游戏。把自己的影子画下来，然后继续画出有趣的事物，成为更加有创意的合作画来。再延续下来，可以用平板电脑制作一些影子画的故事书，小朋友又可以有创作的空间。

面包的制作：日常生活中的STEM活动

有很多爸妈是让小朋友远离厨房的，但是，食物也是一种很好的STEM素材。

例如，面粉与水的混合本来就是一个可以观察的过程，让小朋友们增加生活经验。

酵母的作用也是一个科学的概念，让孩子们可以亲自操作并了解酵母的发酵过程，烤面包的过程也可以让小朋友们观察、体验和提问。面粉量、水量和烤面包的时间也是数学的概念。面包烤好、切片之后又可以融入数学概念，让孩子数数有多少块面包。

父母还可以借此引发孩子们对食物的兴趣，让他们了解食物中的营养，让孩子们爱上健康美味的食物。关于工程方面，面包机或者烤箱都是现代工业产品，可以让小朋友了解其中的温度、时间设置，大些的孩子还可以深入探索其原理和功能。

通常而言，孩子对自己所参与制作的食物都会抱有很大的好奇心和兴趣。所以，日常生活中的STEM游戏，特别是有趣神秘的厨房工作，也特别适合年幼的孩子在安全的引导下探索，还可以帮助孩子实现健康饮食。

6 家长问答

问题 1

进行STEM活动，是否需要有基础理论知识？基础理论知识是怎样在STEM活动中落实的？

回答 1

有家长提出了一个很好的问题，就是在STEM的活动中需不需要基础理论的知识。我觉得，对于年幼的孩子，爸爸妈妈需要有理论知识作为基础，但更多是要对游戏背后的科学原理有所理解。例如，我们在和小朋友进行活动的过程中，如果是单纯地讲解理论知识给小朋友听，只是传递一个理论或者传递一个原因，这样的“学习”就会变得比较沉闷、被动。但是STEM教育的一个核心就是我们要把理论知识融入活动当中，让小朋友们来理解，并对这些事物背后的原因产生兴趣。例如，用科学的原理、作用和设计理念来帮我们分析，得到一些诸如数量、形状或者其他更多元化的解释。

在科学当中，它是关于为什么、是什么的知识，是获取知识的过程和方法。而在技术当中，它是做什么，以及要怎么做，可能有些方法、适用的相关技巧，也可能会有我们生活当中所能看到的一些人类创造的工业产品。工程学就是一个如何来设计、如何来解决问题、如何能够将我们的想法变成现实的过程。数学更多是关于我们看到的数量、形状，还有一些关系方面的解释和研究。所以，科学、技术、工程、数学等学科都有不同的基础理论知识。

举个例子，拿科学中的地理科学来说，让小朋友从地图中学习中国的不同省份，这是一个基础的知识，也就是地理科学中“是什么”的角度。中国的省份非常多，所以在地理方位上我们可以进行归类，如让小朋友根据东、南、西、北进行分类，这又是一个角度，我们可以从形象的举例当中让他们明白这些知识。另外的一个角度，如数据、数量、形状上的概念，包括我们有多少省份，或者不同的省份都有什么独特的形状等。所以，我们在涉及概念的时候，不是刻板地来讲这些知识点，而是可以渗入一些科学方面、技术方面、工程方面、数学方面或者艺术方面的学科知识，用比较形象、具体、可以操作的方法让孩子体会。所以，家长们需要准备一些学科知识，但不能刻板地讲给小朋友听。

问题2

我家宝宝5岁半，秩序性很强，在玩游戏时如果说好了一个规则，就不能改变。我尝试过几次逆向的思维和逻辑规则，可她根本不接受，这让我很苦恼。与小朋友一起玩耍时，她总爱跟着别人的节奏，不太喜欢去主导，这让我觉得她缺少想象力。她也不太能接受一切非正常的称呼，如小美女、女神等，她说“我才不是呢”。虽然我解释有些称呼是好的，可以接受，但依然无法改变她的想法，现在这个阶段要如何引导她呢？

回答2

这位妈妈提出了一个比较常见的问题，就是小朋友坚持自己的原则，但是妈妈想试一下，例如用一些逆向思维去引导她，但是她不接受！

妈妈觉得很苦恼，但我觉得这是一个好现象，因为小朋友已经开始有自主性，这对于5岁半的孩子来说很正常。所以，当她看到一个玩具、一个玩法的时候，已经具备原有的知识，这其实也是她的生活经验，我觉得是正常的，也是一件好事情。因此，她坚持自己的观点、有自己的原则也是正常的。但是这位妈妈发现，可能世界上不止有一种方法，应该灵活一些，或者有更加多元化的思考、方法和创意，我赞同这一点。妈妈希望小朋友可以发展她的创意，有一些思维上的变化。我觉得可以鼓励她多阅读、多看一些小发明、去科学博物馆看一些展览、多接触新的材料和产品、多观察一些不同的作品或者观看不同类物品组合出来的效果，帮助她接受事物的多样性。

另外，玩玩具或者玩游戏也是探索的过程，可以按照她自己的意愿，当她熟练之后就会出现一些变化。所以，我觉得这位妈妈不用过度担心，也不用强制这个孩子去改变她目前的原则，但是在玩的过程当中可以尝试一些新的变化，如列举一些新的场景、增加一些新的组件等。举个例子，在搭积木的时候，孩子已经按她的方法重复地做了很多次房子的搭建，妈妈再想让她改变，或者想添加一些新的材料、新的组合方法的时候，可以用一些温和的方法，例如说："这个小动物也需要有自己的房子，需要有不同形状的房子，你帮帮它吧！"这样柔和地引导小朋友去创作，给他们一些动机和支持。例如，海豚需要一个圆形的水池，所以这时候积木创作的焦点是要搭建一个圆形；大象想要一片小树林，小朋友就需要用积木来创作不同的形态。这个过程是一个互动的过程，而不是刻板地要求她改变、尝试新的事物，而是要带她去尝试。

问题 3

家庭成员有自己的育儿理念，长辈和父母有很多的不一致性，需要统一吗？还是求同存异呢？例如，宝宝17个月，喜欢玩水，我主张让他玩，就是浪费一些水、玩完以后换衣服麻烦一些，最坏就是感冒、发烧，最坏的结果我能承受。在玩水的10多分钟内，我会跟他一起研究水往下流和抓不住等特性，后面我会和他说身上湿了需要去换衣服，他若还是坚持要玩，我就和他一起数数，说数到十就不玩，可是数了两遍，他还是坚持要玩。外婆和奶奶会特别反对，会大声斥责、强行拖开孩子，导致他哭闹。我觉得应该保护他的好奇心，有没有既照顾到宝宝的想法又不伤害老人，或者让老人容易接受的育儿方法呢？

回答3

爸爸妈妈有开放的观念，但是爷爷奶奶的成长环境和我们现在父母成长的环境是有一些冲突的。当然，老人考虑的因素也有道理，如天气是不是太冷了、不要太浪费水等，这些都是老人经常会考虑的问题。爸爸妈妈想让小朋友探索的出发点是好的、开放的，但是在工具和方法上可能要多进行一些探索。例如，选择好玩水的季节，如果是在冬天就尽量不要弄湿衣服，但是在夏天就可以多给孩子一些机会，包括在户外，现在很多的公园有儿童戏水乐园可以玩儿，或者在洗澡水温度适合或游泳的时候，这些都是孩子玩水的时机。

所以，其实有很多机会玩水，在家里玩的话可能有一定的条件限制，例如工具的选择。我的小孩在洗澡的时候可以玩水枪，还可以选择其他喜欢的物品，如小盒子、小瓶子、小罐子之类的，所以，在相对安全或者是舒适的环境当中就让他自由去玩。

另外，比较好操作的就是找一些好的工具，如水管或者水盆，来进行一些容易操作又有趣味性的活动，但是又不会和老人的养育观念有太大的冲突。所以，爸爸妈妈一定会很智慧地找对方法来做，避免不必要的冲突。

问题 4

对 3 ~ 6 岁的孩子如何开展 STEM 教育，在家进行需要准备哪些资源?

回答 4

孩子越年幼的时候，我越建议通过不插电的 STEM 活动让他产生好奇心，让他去探究、观察、思考。爸爸妈妈们可以准备一些科学类的书籍作为基础，如《揭秘科学》系列就有STEM的逻辑，这套书里有管道、电路和身体相关等内容，并能结合实际，让小朋友们看到和生活相关的科学元素。

另外，可以常备一些科学类的工具，如地球仪、望远镜、放大镜，还有儿童版的显微镜，从10倍到40倍都有。另一类是生活类的工具，同时具有数学或者工程学方面的作用，如各种类型的尺子（软尺、皮尺、卷尺），还有我们可以见到的电子秤、小天平或者量杯，这些都是让孩子感知数量的工具。还可以准备一个画画的笔记本，我们家小孩有一个“问题小书”，他有问题的时候就可以画下来、记录下来。

还有一个很好的方法，就是带小朋友去户外观察大自然，还可以长时间记录身边事物的变化，如记录植物、动物的生长，环境（如蚂蚁洞）的变化等。小朋友从他的角度来记录，回来再分享，还可以打印出相片，配上他自己的语言，变成小小的书，这些都是很好的STEM教育方法。

问题 5

4岁女宝，平时也注意启蒙，会分类、比较、排列，如从高排到矮，从宽排到窄。也会找规律等，第一，如何进行更深层的启蒙；第二，科普类书籍买了不少，但是好像给孩子讲不清楚，在科学方面应该怎么启蒙；第三，乐高也买了不少，如何利用却成为难题，我们家长毕竟不是建筑大师，感觉无从下手。

回答 5

有的爸爸妈妈提到，该买的书也买了，也愿意花时间陪小朋友，小朋友也有探究的兴趣，但是什么时候才是最好的切入点？STEM教育当中有一个非常重要的概念，就是从孩子的兴趣出发！孩子可能对地球有兴趣、对中国的地理环境有兴趣，或者是对旁边的挖土机有兴趣，或者对家里的净水器有兴趣。STEM教育的机会无处不在，所以，我们需要把握孩子的兴趣点，陪伴和等待孩子成长。

我讲一个小故事：我朋友发了一张照片，说孩子画了一张非常有工程角度的画，来解读净水器怎么工作。这个孩子差不多6岁。他每天去观察净水器，然后，妈妈给他准备了一些科学方面的书籍。书籍其实没有关注净水器这个概念，但是孩子从中找到科学的方法，例如管道设计、净水的原理，过滤的过程，还有材料的选择等，所以在他的图画中，我们看到他设计了这个净水器及其相关的部件并组合起来，成为他自己脑海中的一个产品。所以，开展STEM教育需要我们陪伴和等待，还需要激发小朋友内心的兴趣。

7 结语

简单地看，孩子们是在玩游戏，但是当他们用自己的头脑和感官去探索时，他们会观察、提问，并设计、建造、测试和解决问题。这就像当一个孩子用积木搭起一座塔时，孩子就像一个科学家一样，试图制造一个高而稳定的结构。

当一个科学家探索不同材料、形状和质地如何影响塔的强度和稳定性时，孩子也会表现出科学家的特质。这个孩子可能还会运用数学和科技元素，比如他会使用工具来测量塔的高度。

父母在接触STEM教育的初期，都会认为STEM教育是高大上的理念。其实在孩子年幼的时候，父母就可以帮助孩子们开展STEM活动，获得探索的经验。为其之后的成长过程积累更多相关的学科知识，奠定其理解能力，并且让孩子产生好奇心，找到探索和建立世界的方法。

Chapter 10

第10章

创意脑

培养创造力，从孩子的生活出发

高晓松写过一首歌，里面唱道：“生活不止眼前的苟且，还有诗和远方的田野。”歌词非常煽情，当时“刷爆”了我们这一代中年人的“朋友圈”，“诗和远方”这个词也火了起来。

我们为什么特别喜欢诗和远方？这个词挺文艺的，而且让人产生一种向往的情感，因为“诗和远方”跟“生活的苟且”是对立的，这个词就好像我们要谈的“创造力”一样，是新奇、绚丽、令人向往的，仿佛跟平庸的生活无关。“诗和远方”、创造力这些东西，在当下也是我们特别希望自己和孩子拥有的。

虽然我们很向往诗和远方，但我想从脑科学的角度告诉大家，我们的大脑不止有“诗和远方”。如果我们一味强调“诗和远方”，忽略眼前的生活，这其实并不符合科学培养创造力的理念。

1 大脑不是赤手空拳来到这世界的

西方哲学对于人的心灵有一种“白板说”。这种思想认为，人出生的时候，我们的心灵，用现在的话说就是大脑，就像白纸或白板一样没有任何印记。几十年前，当心理学家、教育学家研究儿童的时候，最开始也是采用这种“白板说”的思想，认为人来到这个世界的时候，大脑中一片空白，一切都需要我们教给孩子。现在比较落后的“填鸭式”教育思想就有点“白板说”的意味。

现在有了那么多研究结果，其实我们知道了，哪怕是人刚出生的时候，也并不是一张白纸。当我们来到世界上的第一刻，我们的大脑已经做好了准备——大脑不是赤手空拳来到这世界的，为了让我们更好地应对生活，它其实做了很多准备。

为什么这么说呢？因为我们的大脑是进化而来的，而不是某位非常高明的设计师按照某个远大的目标设计出来的。

首先，我们的大脑并不是我们去跟上帝说：“我们是万物之灵，您老费心，为我们专门设计一个新的大脑吧，它要擅长逻辑思维、冷静理性，还要有一个脑区专门管微积分，让我们12岁后就可以去投行上班。”

不是的。我们的大脑其实是在此前5亿多年的动物神经系统的基础上进化出来的。进化也是“巧妇难为无米之炊”的，它原本是猿猴的大脑，要在这个基础上进化出人类大脑，只能修修补补，没法另做一个新的，因此，就会有很多不完美。

一个典型的例子就是，影响我们情绪的杏仁核是哺乳动物早就有的，而抑制冲动的大脑前额叶是后来才进化出来的，并且要到我们20岁后才完全发育成熟。所以，我们看孩子经常好像很不讲理、胡搅蛮缠，那不是因为他们就是坏孩子，而是因为人类的进化“不给力”，给我们配的就是这么个大脑，理智在早期赶不上情绪的发展。

其次，大脑是人类为了适应环境，在自然选择的压力下进化出来的。这句话是什么意思呢？也就是说，大脑最擅长解决我们几万年前老祖宗经常面对的那些问题，像打猎、采集、找配偶、养小孩，而不是现在的一些问题，像写字、算术、弹钢琴、读文献。

如果是心理学文献，你一定得用些术语，说什么进化适应环境、自然选择压力，就像我刚才说的那些，但大家一听估计心里都开骂了：“请说人话！”这并不是说心理学家就不是人，因为大家大概也发现了，心理学家除了长得比较帅、颜值更高外，跟其他人也没有什么区别。这主要是因为我们的大脑更适应几万年前的环境，你说老祖宗、解决问题，大脑一听就明白了；如果你被绕进这些专业名词，大脑一听就茫然了。就好像你们听我唱个歌、讲个故事就觉得蛮有意思，一听我讲科学就开始犯困，其实是因为在远古时期，我们也唱歌，但那时候的人从来没听说过科学，这些东西讲出来，大脑就会当它是催眠用的背景乐。

2 向创造天才看齐

但是很可惜，我们很多家长和教育者不明白这个道理，他们还觉得孩子的大脑是一张白纸，想让他们脑瓜里的东西变多、变厉害，那就得赶紧照着那些厉害的人做。他们想，怎样让孩子更聪明？就是模仿那些聪明人的聪明行为。怎样培养孩子的创造力？就是模仿那些有创造力的人。想要让孩子成为爱因斯坦？就让他看《小爱因斯坦》。想让孩子成为李白？就让他背唐诗三百首。想让孩子成为乔布斯？就让他们上少年编程班。

可是，那些“诗和远方”的创造力，其实是脱离生活的。这些富有创造力的人，他们真的是从小就钻研物理学、天天念诗、学习计算机而成功的吗？不是，这些创造天才，他们不是一上来就直奔“诗和远方”而去的，他们首先还是跟我们一样，在生活中到处游荡，然后慢慢地让他们的创造力从生活中“长出来”。

爱因斯坦上中学的时候，因为对当时的教育方法感到“不爽”，就退了学。对于现在的爸妈来说，孩子念到高中突然退学了，换成你，你能接受吗？李白小时候的四大爱好是“作赋、剑术、奇书、神仙”。第一件事作赋，我们很喜欢，他爱好写文章和写诗。可是后面这几个：剑术，他喜欢练武功；奇书，他喜欢看奇幻小说；神仙，李白这奇幻小说看得多了，自己喜欢上修仙了。那如果你是李白他爸，你要不要把他后面的三个爱好给砍掉呢？还有乔布斯，乔布斯在大学里选修书法课，如果我们在当时看这件事，肯定觉得他不务正业，对吧？

我曾经跟我儿子打趣，我给他改编乌鸦喝水的故事。我说有一只乌鸦特别渴，好不容易找到一个瓶子，里面有水，嘴巴又伸不进去，它该怎么办呢？这只乌鸦听过司马光砸缸的故事，赶紧去找了块石头向瓶子一砸，水就哗一下流出来了。结果这乌鸦特别郁闷，用司马光这么好的方法还是没喝到水，最后它就渴死了。

我编的新乌鸦喝水的故事想说什么呢？如果我们这样机械地

培养创造力，只去模仿那些创造天才成功的经历，那最后很可能就会跟这只乌鸦一样，满脑子都是别人伟大的创造故事，轮到需要自己发挥创造力的时候，却一筹莫展、活活渴死。

你的孩子成为爱因斯坦的前兆，可能并不是他物理成绩有多好，而是他对这个世界有强烈的好奇心。成为李白的前兆，不一定是他5岁就会吟诗，而是喜欢看武侠小说。至于怎样成为乔布斯，这个满大街的书上都在说，但我还是觉得他自己的话最有说服力，就是“Stay hungry，Stay foolish”。不要那么理智、一味地去学成功人士的经验，我们要允许孩子犯错、走点弯路，甚至是做你眼中的蠢事。

3 生活中，我们时刻在创造

其实一些家长的误区在于，一想到创造力，就是爱因斯坦、莫扎特那样的伟大创造，而忘记了我们生活中其实无时无刻不在创造。你布置你的房间，就是在创造；你研究了好几天做饭技巧，自创出一个新菜，也是在创造；甚至你的孩子编出一个新的谎言，那也是创造。

心理学家发现，这些小的创造和那些伟大的创造一样，在大脑里面遵循同样的过程。首先是对问题的准备，你发现问题、定义问题、收集材料，然后这些信息在你的脑中静静地、悄悄地孵化，这是一个潜意识里的活动，你并不知道你的大脑是怎么孵化它们的，忽然之间，你灵光一闪，啊！你顿悟了！你有了一个绝妙的点子！但这时是不是就有了一个好的创造呢？还不是，你还要对你的点子进行衡量，去测试它，发现它真的实用、好用才行。

有人可能说了，这我明白！不就是左脑和右脑嘛，左脑是逻辑脑，负责第一步准备和第四步衡量；右脑是创造脑，负责第二步孵化和第三步顿悟。这个孵化和顿悟是最难的，所以要培养孩子的创造力，把他送去上右脑开发班就行了！

这您可就错了！千万别再上所谓右脑开发的当了。现代神经科学已经证明，创造力，哪怕是其中的任何一个步骤，都绝对不是某一个脑区或者某一个半脑的功能，而是整个大脑的协作。

跟创造力最相关的是大脑的三个工作网络：

第一个是执行网络，它负责我们的控制和执行，做你有意识的那些活动；

第二个是默认网络，就是你清醒但却什么都不干的时候，大脑默认状态下的运行，当你走神、做白日梦的时候，虽然你自己没有意识到，但是你的大脑其实正在默认状态下进行创造；

第三个是凸显网络，负责对大脑收到的各种信息进行评估和引导，当你的点子孵化出来了，凸显网络一评估发现，哎，真是个天才主意！于是执行网络活跃起来，你开始有意识地衡量这个点子了。

有科学家发现，在人顿悟前约0.3秒，大脑的这个区域会发出一种伽马波，这就是凸显网络在通知大家：“各单位注意，有个好点子出来了！”这个从准备、孵化，到顿悟、衡量的创造过程，对于爱因斯坦的大脑和我们常人的大脑来说，都是一样的。

4 培养创造力的练习

所以，要培养伟大的创造力，不一定要从伟大做起，可以从生活中的小创造先开始。而且从生活开始，效果会更好，因为大脑会学习得更快。

例如，我要培养孩子的创造力，当然就想到了那几个经典的创造力练习，最先想到的是发散性思维练习。我指着一张啤酒罐子的照片问我儿子："这个易拉罐除了装啤酒，还有什么用？"

他的回答是："还可以装水、装汤、装泥土。"大家一听就知道，这个发散性思维很糟糕。作为一个父亲，我心急如焚。这孩子创造力不行，将来可怎么大众创新、万众创业呐？于是百般诱导，然后他忽然欢呼一声，说："哦，还可以装茶叶！"

但是他的创造力真的不行吗？怎么可能呢，一个6岁的孩子没有创造力吗？不是的。我的孩子之所以会有这样的表现，是因为我们家很少喝啤酒，几乎也没买过罐装啤酒，所以这个罐子不在他的生活里面。很遗憾的是，目前市面上也几乎没有从生活出发、训练孩子创造力的书，所以我只有自己来了。

我跟儿子做了另一种发散性思维的练习，我们要更好地从生活出发。有一次，我活捉到一只蚊子，把它软禁在一个盒子里，然后问我儿子："怎么杀了它？"大家也可以想一想，除了常规的拍死、砸死、捏死，还有什么方法杀死一只蚊子？

我和儿子一共想出了40种方法。其中有一些我儿子想出来的办法，让我也吓了一跳，真是万万没想到。例如，把蚊子发射到太空去，太空里没有氧气，它就憋死了。还有，把蚊子放到篮球里，给篮球打气，把它用高气压给压死。

所以，大家看，一到生活场景中就变成了："啊，蚊子！很讨厌，杀了他！"这个孩子很熟悉。还有，我们家有个篮球，每次出去打球都会提前给球打气，儿子很好奇，问过我们为什么要给篮球打气，所以关于气压的知识他有了解。把这些他在生活中熟悉的、接触过的事情拿出来做练习，孩子的创造力马上就涌现出来了。

再比如联想性思维，我们经常用的是远程联想练习，就是把风马牛不相及的东西放到一起，问它们有什么关系。我就拿这类问题来问我儿子：“书、啤酒、床，有什么共同点？”他很干脆地回答：“不知道！”我怎么引导都没用。我给了些例子，如它们都让人舒服、都要花钱买，但他还是什么共同点都找不到。我想了想，至少啤酒这个词，还是跟孩子的生活离得有些远。

我知道我的孩子并不缺乏联想能力，但有时候，我们可以不用这种对话的方式，而换成更简单的、视觉的、图画的方式，和孩子进行一些非常有趣的亲子活动。

例如，我跟他玩“哑巴画画”游戏，就是两个人在一张大白纸上各自画半幅画，但不许说话，然后两个人把各自的画拼到一起，默默地继续把整张纸画成一个和谐的画面。

这其实就是一个改头换面的联想练习，孩子需要去把你们各自画的、独立的这两个东西想办法联系起来，形成和谐的画面。

我跟儿子做得特别好的一次是，儿子一开始在左边画了一朵花，我在右边画了一只兔子，怎么联系起来呢？他想了想，在最下面画了个草地。这样，草地上开花，兔子吃草，就联系起来了。咱们看，这些联想的原料都来自他的生活，所以他就很容易联想起来。

最后一个是想象力的练习。这个练习很简单，你和孩子一起用生活中常见的事物编故事。这里有一个我儿子编的故事，我给大家讲一下。

有一座亭子，平时经常有小孩到里面玩。可是现在天太冷了，河里都结了冰，小朋友都缩在家里，没有人来跟它玩。它觉得无聊，就来到河里滑冰。

结果小朋友们看见了，都觉得好玩，都来跟它一起滑冰。他们滑啊滑啊，没想到亭子太重了，咔嚓一声把冰压破了，它和小朋友们都掉到河里去了。

怎么办呢？它赶紧把身子翻了过来，用它的房顶把小朋友们装了起来，浮在水里漂啊漂，忽然一抬头，咦？我怎么漂到大海里去了？哇，前面还有一只虎鲸呢！

它跟虎鲸说："虎鲸，我们要回家，你能帮助我们吗？"虎鲸说："为什么要回家啊？大海多好玩啊。"小亭子和小朋友们一想，觉得虎鲸说得真有道理，大海多好玩啊，我们潜到海底去看看吧。

讲完了，好吧，这个故事好像不算特别好玩，因为它是我儿子和我一起编出来的。今年寒假的时候，我们一起从南京坐火车回南通老家。一开始，我跟他看故事书、吃零食，但等火车开到扬州时，我已经把所有招数都用完了，除了手机，好像没有什么能继续跟儿子玩下去的了。这时，我看见外面有一个亭子，就灵机一动，开始跟他编故事。

编这个故事的时候，家长别跟孩子太较真逻辑问题，如亭子怎么可能会动啊？亭子在水里怎么翻身啊？怎么可能浮起来啊？我们要关注的是，孩子给故事注入了新的元素、新的剧情，他的大脑一直在不停地创造，你多鼓励他，他就会很兴奋地继续编故事、继续创造下去，而且他也会喜欢上想象这件事。

刚才我给朋友们讲的是故事的第一集，等我跟儿子下火车的时候，我们一共编了整整九集。

5 家长问答

问题1

玩很简单，但会玩又能玩好真是太难了，三十几岁的我最失败的就是不会玩。所以，对于孩子，我想让他成为快乐、洒脱、有好奇心的人，我觉得玩比学更重要。不会玩的家长怎么突然“脑洞大开”，给孩子提供玩的环境和方法呢？

回答 1

这个家长的问题很好，快乐、洒脱、有好奇心，真是说出了大多数人的心声。你这个问题也很有代表性。

不得不承认，“脑洞突然大开”的秘籍我提供不了，但是有几个起步动作，可以给你参考一下。

第一个是从观察力和感受力开始。这里我推荐一个不报班也不花钱的办法，带上孩子走出门去。亲测有效！这个方法叫“路上观察学”。每次可以设定一个小主题，今天探测一下“气味”，我每走一段路，都可能会闻到不同的味道；明天则重点关注一下各家店的招牌是怎么设计的，跟孩子一起看、一起分享，甚至记录下来。咱们先让自己的生活变有趣，也顺便挖掘孩子的兴趣点。

咱们还可以换换空间，到大自然、到不同城市去。可以观察同一主题来找不同。例如，北京的商家招牌跟上海的有什么不一样？人们穿着有什么不一样？观察是创造的热身动作和原始积累。积攒家财才能玩转投资，游泳池蓄满水才能耍花样。慢慢地，我保证你的“脑洞”一定会慢慢变大。

你问到怎么给孩子提供“玩的环境和方法”，我就想起日本幼教界有句话，叫“两人游戏是创造性思考的教室”。这句话是经过科学研究证实过的，比起若干孩子一起玩或一个人玩，两个孩子玩游戏时的专注度是最高的。作为大人呢，你就在旁边静静地陪伴，可以起到缓冲周围杂音和诱惑的作用，让孩子对感兴趣的事持续专注下去。如果你能找到一个年龄、兴趣相仿的小伙伴，和你的孩子一起玩，那就静静在一边看看他们是怎么玩的吧！

除此之外，你还可以去发现并收集孩子“创造”出来的东西，拍个照、收进文件夹、发个朋友圈，这些动作本身就表明，你是一个重视孩子创造的家长。给孩子传递这样的信息，本身就是很好的支持。

问题 2

我家女儿4岁多，老师如方便，请总结一下哪些行为会毁掉孩子的创造力，好让我们这些家长避免踩坑！

回答 2

这位家长的问题很有新意，那我试着来总结一下。

1. 睡不够。睡眠不足，孩子怎么会有兴致探索、怎么会有能量创造呢?

2. 排太满。有的孩子行程满满当当，都没什么发呆、放空的间隙。我们人类大脑里有一个“静息网络”，美国科学家马库斯·雷切尔就把它比喻为大脑的暗能量。不管是大人还是小孩，都需要适当的抽离，才能释放这种能量。

3. 忍不住。身边的大人太想事事“正确”，对孩子初期的探究或一些逾规的操作马上压制。其实，若孩子的“越矩”行为没有危害安全或伤害他人，大人最好摁住自己至少一分钟，别太着急跳出来做裁判。

4. “没意见”。孩子没有机会表达自己的想法和意见，这也会让他损失许多自我表达、树立自我认知的机会。你家的孩子4岁多了，那么，一些涉及孩子自己的事情，小到今天穿什么衣服、大到要不要报这个班，都是可以让孩子参与决策的，听听她的想法是怎样的。我们培养孩子创造力，最核心的还是希望他拥有独立自主的人格。

问题 3

老师您好！孩子还有两个月即将 7 岁，一直很喜欢手工、涂鸦，思维也很活跃，每次在学校的创造力测评中都表现出色。问题是我一直认为创造力也需要更多的知识素材，因而需要接触更多的、更丰富的环境，学习到更多的内容。例如，我为她寻找非常好的通识老师，一起去博物馆、美术馆，一起阅读。但目前来看，她更喜欢自己研究（但研究方法和小时候没有太大区别，依然是动手自己折腾，识字量不够，也不能通过自主阅读去解决问题），所以这个年龄段比较尴尬，不能自我提升，依然处在4～5岁的状态，请问如何推动她的创造力方法升级，并为下一阶段自主探索求知做准备？还请解答。谢谢！

回答 3

这位家长非常有心。接触丰富的环境、通识、阅读，一起去博物馆、美术馆……可以想象，你为此所倾注的心力不少，但也很有收获吧？孩子7岁，喜欢自己研究东西、动手折腾，看起来，孩子见识的“广度”是很大的。

家长期待孩子通过自主阅读去解决问题，也进一步掌握些方法，实际是考虑在“深度”上有所突破。7 岁孩子的抽象思维能力开始萌芽了，你可以对孩子自己折腾出来的东西运用到的技法进行分析，告诉她这里运用到的是什么创造方法。

“组合”是孩子最经常采用的创造方法，例如，孩子用纸箱拼成一个太空舱，她采用的是“组合”的方法。适当的场合下，我们就可以用“组合”的方法启发孩子思考。例如，这不是中秋节了嘛，吃月饼要配茶，有助消化，那月饼和茶可以组合成什么呢？

孩子看到她的“作品”被赋予了思维的“意义”，对“深度”的探索兴趣可能会被激发出来。

此外，还有分解、替换、扭转、放大等，我们称其为创造力的思维工具，孩子大了可以一点一点掌握。让一种技法在不同场景、不同物料中被反复运用。但请不要贪多，尽量借助自然的生活情境，也请尽量让孩子继续动手去“折腾”。

问题4

买了很多玩具，但是我每次都会干涉孩子玩，因为觉得她玩得不对，总想纠正。这是不是会限制她的想象力和创造力呢？是不是应该随她自己去玩？

回答4

家长跟孩子一起玩耍，这是很值得鼓励的。孩子在玩耍，有大人陪同在旁，能够提高孩子的专注度，也能让孩子对玩具进行更深的探索。

对于这位家长的问题，我们分两点来说。首先，你给孩子选的玩具是有“唯一”“正确”的玩法吗？如果是，那建议你给孩子换上一些更具有开放性的玩具或材料，就是说，怎么变化着玩都可以。例如，沙子、水、积木、球，或者家里的一些物品，如纸箱、塑料杯子；在公园捡些松果、鹅卵石、树叶等。这些都是孩子爱玩，也能开发孩子创造力且令他们去探索更多玩法的材料。

另外，孩子去摸索玩具怎么玩，也是需要时间的，家长可以稍微等待一下。你太早插手，宝宝可能就失去了自己去感知、经历的机会了。也许按照玩具设计的方式玩对了，可是孩子并不在乎玩得对不对，他们想靠自己去探索。所以，宝宝自己去积累经验并形成自己深刻的感知，其实是更重要的。

问题 5

很多时候希望小孩天马行空，不受约束地创造，但小孩会说："我不会。"例如，在画画时，希望他随心所欲地画，但他说："我不会。"教的话，觉得会破坏、禁锢他的想象力；不教，他又一直说"不会"。该怎么办？

回答 5

谢谢家长的问题，我看好几个家长都描述过这种情况。妈妈说："你想怎么画就怎么画。"孩子说："我不会画。"

我们先分析下，小孩为什么说"我不会画"。那是因为他心里已经有了一个"会"的画面或者说目标，他觉得他达不到，所以下不了笔，宁愿不做。

家长就纠结："他不会画，那我是教他，还是不教呢？"我觉得你可以教，但这个教，不是说"看妈妈画的，你照着画"，不是的。那具体可以怎么做呢？

第一，给他一个支点。要把孩子心里想要表达的"意象"先唤出来。问孩子："你心里想画个什么？动画片里最喜欢的一个人物？"或者说："昨天你在雨里玩踩水洼，那是什么感受？"

画画是孩子表达自我的形式，你最了解孩子的生活经历，所以从就近的开始，题材就有了。

第二，有意地放空挡。前面说，小孩不敢下笔是因为他觉得画不出那个"应该"的样子。你可能需要意识到，孩子接收到的"应该"是不是有点多了？给他适当松松绑，给他些"瞎鼓捣"的机会。

举个例子，幼儿园布置作业，要做中秋灯笼，我的孩子一开始还能和我一起用彩纸折灯笼，后面他就自顾自地乱折着玩了。乱折的结果是他发现："咦，这个好像一个戴着高帽子的厨师！"于是用笔加工一下，出来一个兔子厨师的形象，我觉得也挺好。两块五毛钱一包纸，这个浪费还是能接受的。

有研究表明，孩子一般在7岁之后才进入"视觉写实"

阶段，就是绘画技法的层面。在这之前，把画画看作孩子自我的表达和思维流露的手段，去看孩子能不能抓取到他经历过的事情、他的想法，去看这些有没有呈现在画里。这才是画画对孩子创造力的滋养作用。

6 结语

以上，就是关于创造力这个话题，我想跟各位分享的内容。我来简单地总结一下本章。

我们的大脑不是赤手空拳来到这世界的，它是带着进化赋予我们的能力到来的。我们最擅长思考和处理的，是我们老祖宗经常面对的问题，其实也就是生活中常见的那些问题。

其实我们每个人都经常要在生活中用到创造力，你不需要把创造力想象得那么高大上，即使是爱因斯坦、乔布斯这些富有创造力的人，他们在进行创造时，大脑里的运行过程跟咱们普通人是一样的，都要经历准备、孵化、顿悟和衡量这几个步骤。

最后，我跟大家分享了几个帮孩子练习创造力的方法。还是从生活中找话题，跟孩子做发散性思维的练习，如哑巴画画这样的远程联想练习，还有想象力的练习。在路上开车时就可以跟孩子一起编故事，又能锻炼创造力，又不会感到无聊。

我想说的就是，大家从生活中出发，随时可以练习创造力。其实我自己还是个比较向往“诗和远方”的人，但这并不是由于我父母从小训练我去寻找“诗和远方”，而是从小让我随便玩。当然我们小时候也没有什么益智玩具，无非就是爬树、打仗、玩泥巴，其实，玩就是大脑最自然的学习方式。

孩子并不是不喜欢学习，而是不喜欢不自然的学习方式，如坐在课堂里，一遍遍地重复练习。我们要培养孩子的创造力，也不能上来就直奔“诗和远方”，仍然要从日常生活场景开始，让他锻炼基本的创造能力。因为对从生活场景里锻炼出来的能力，孩子才能掌握得更好，孩子才能发展得更快，有更聪明的大脑。

希望这一章能让家长朋友更好地认识孩子的创造力，平时跟孩子多做练习，让咱们的孩子都可以有更聪明、更有创意的大脑。

附录：科学养育书单

本书给各位爸爸妈妈了解儿童大脑发育提供了一个育儿痛点导向的参考。如果您希望了解更多儿童大脑发育知识，还可以阅读以下读物。

综合类

《给孩子的未来脑计划》

简评： 二十年前，没人能预测到今天互联网、智能手机会如此彻底地改变我们的生活；同样，二十年后，当你的孩子长大面对这个世界的时候，世界又会发生哪些新的变化，出现哪些新的工作，又有哪些东西会消失？我们谁都无法预料。但有一点是确定的：未来生存需要的底层基础能力是不变的，那就是孩子的思维能力、专注力、情绪理解和表达能力、语言发展能力、运动能力和音乐绘画等创意能力。《给孩子的未来脑计划》从智力脑、情绪脑、运动脑、语言脑、创意脑这五大方面入手，教你如何根据孩子大脑发育规律，发展孩子的相应能力。

《魏坤琳的科学养育宝典》

简评：在养育孩子的日常生活中，用得上科学的时刻，可能比你想象的要多。孩子早期的神经可塑性最强，给大脑丰富适宜的刺激，就是增强大脑驱动力。作为家长，了解一点脑与认知科学，懂一点大脑发育规律，知道孩子什么能力要早培养，什么阶段要提供什么刺激，能更好地用科学方法帮助孩子发展适应未来的底层能力。做家长没有捷径。家长千万不要想把“宝”押在别人身上，早教班再好，也替代不了你对孩子的培养和影响。

智力类

《为什么学生不喜欢上学？》

简评：为什么孩子不喜欢上学？为什么说学习金字塔、多元智能等是错误的？为什么说批判性思维难以习得？答案尽在《为什么学生不喜欢上学？》。作者丹尼尔·威林厄姆（Daniel T. Willingham）是美国认知心理学家，主编过认知心理学教材，常年坚持撰写科学、教育与认知科学方面的博客与专栏文章。此书重点介绍了认知科学在k12教育领域的应用，全书由作者在《美国教育者》上连载的“请问认知科学家”专栏文章改编而成。虽然作者的原文是写给中小学教师的，但它们完全适用于成人自学与指导孩子学习。九章回答九个问题，介绍九个观念，处处颠覆人们关于学习的常识。这九个原理分别是：1）人类天性好奇，但并非天生优秀的思想者；2）事实性知识重于技能；3）记忆是思考的灰烬；4）我们通过已知理解新知；5）练习通往了如指掌的境界；6）学习中的认知能力在早期与晚期截然不同；7）儿童在学习方面的相同远远大于不同；8）通过持续努力，智力可以提升；9）教学必须通过练习提高。

《天才赢在注意力》

简评： 作者黄扬名博士也是本书第一章的作者。注意力对于孩子成长的重要不言而喻。如何培养孩子的注意力？市面上流传着种种谬误。扬名老师是一个不折不扣的学二代，师从多位脑与认知科学大师，长期关注认知与情绪研究领域。自从有了两个宝宝，扬名老师更是将一流科研成果与自己的育儿实践相结合，成为广受读者喜欢的科学奶爸。相信《天才赢在注意力》一书，结合原理讲解、案例故事、亲子游戏，将让你升级对孩子注意力的认知。

语言类

《脑的阅读》

简评： 近些年，随着神经科学、认知科学、教育学的合流，产生了一种新的学科：MBE科学（Mind Brain Education，即心智、脑与教育），在国内也被翻译为教育神经科学。如何将神经科学、认知科学与教育科学的实证研究与具体教育实践结合，正是爱贝睿所关注的。这本书的作者斯坦尼斯拉斯·迪昂是法国科学院院士、知名认知神经科学家，主攻阅读脑与数学脑。该书曾获得法国最佳科普书籍奖，值得向各位爸爸妈妈推荐。

《玩转英语童谣》

简评：本书是爱贝睿家长教练施乐遥老师与女儿小酒联合创作的。本书精选52首英美百年经典童谣，并配备原声英文朗诵，旨在帮助儿童建立英语“韵律感”，练习体会英语发音的轻重缓急。每首童谣贴心设计对应的手指操，妈妈和宝宝边念童谣，边做手指操，锻炼宝宝的精细动作能力。同时把童谣的学习和STEAM活动联系起来。每首童谣后面设计相应的STEAM活动，如“画一画，做一做”“玩一玩”“小小数学家”“小小科学家”“安全小知识”等，通过活动把每首童谣的学习与宝宝发展的各种能力联系起来，如自理能力、科学能力、艺术能力等。本书采取游戏的方式作为英语启蒙的方法，而不是死板地灌输。通过玩游戏、手工或小实验，孩子学习了英语，增长了知识；通过探索和合作，父母与孩子更加互相了解，共度一段好时光，成就生命中最甜蜜的记忆。

《儿童英语启蒙：从绘本、游戏到分级读物》

简评： 儿童英语启蒙的关键是什么呢？作为英国语言教育学博士、旅英学者、两个孩子的母亲乐遥老师写的这本书一方面帮助你少走弯路，纠正关于磨耳朵、外教、英语口音等方面的学习误区。另一方面，又给你提供了正确的路线图——首先要让英语启蒙与孩子的生活相关，激发孩子的学习兴趣；其次，家长要跟孩子互动，可以玩英语童谣、看英语动画、读英文绘本；第三，给孩子在不同阶段设计合适、有效的英语学习方法。除此之外，乐遥老师还在书中提供了大量英语学习的资源、建议，尤其是将各类建议细致地拆解为爸爸妈妈们可操作的小行动，手把手教你为孩子设计一条家庭英语启蒙路线。

运动类

《运动塑造孩子的大脑》

简评： 只有数数、认字、学外语、画画才是学习？其实，孩子动起来，才是根本的学习。很多家长都会低估运动对孩子大脑发育的重要性。这本书将儿童大脑发育与运动结合在一起，并且将儿童 0 ~ 7 岁的时期划分为六大运动发展阶段：新生儿→小爬虫→走不稳→淘气鬼→奔跑者→跳跃者，为每个阶段提供了针对性的运动建议和方案。

《运动改造大脑》

简评： 这本书是一本写给成人的书，揭示了运动与大脑的关系。对育儿亦有参考价值。作者约翰·瑞迪（John Ratey）是哈佛大学医学院临床副教授、临床精神病医生、跨学科研究专家、畅销书作者和国际公认的神经精神医学领域专家，1997年荣获美国最佳医生。

情绪类

《无条件养育》

简评： 奖励反而会带来惩罚吗？孩子无理取闹时，该怎么处理？是不是将孩子丢在角落会好一些？暂停（time out）这类方法有什么问题？这些疑惑，书里都有答案。这本书是美国育儿专家科恩的力作。新手爸妈可以从这本书开始，定下育儿基调。此书是科恩在1993年出版《奖励的惩罚》之后，近些年再次宣传自我决定论（Self-determination Theory）的一本力作。与《奖励的惩罚》相比较，这本书学术味道更轻，哲学思辨较少，更适合年轻妈妈看。与一般的科普作家不同，科恩研究功力深厚，以至于自我决定论创始人德西都在论文中引用并提及科恩的《奖励的惩罚》。关于自我决定论在育儿中的应用，还可以参考科恩的《家庭作业的迷思》等书。

《养育的选择》

简评：学术专精、科学素养极高的妈妈，不少；能够将高深前沿的儿童心理学研究讲明白的妈妈，很少；能坚持十年，热情输出育儿实践建议，既懂西方，又懂中国的妈妈，全世界只有陈忻老师一个。此书为陈忻博士的育儿畅销书，集合了家长们关心的十三个育儿问题，包括安全感、早教、敏感期、电子产品、规则和自由、情绪、自控力、赏识教育、挫折教育、竞争和合作、快乐教育、听话和独立、想象力。阅读这本书，做父母的可以知其然，更要知其所以然，让自己的养育更有底气，知道如何做选择。

创意类

《心流》

简评：心流是创造力的关键。经过近五十年的发展，心流一词已经从学术界成为流行文化的一部分。作者米哈里·契克森米哈赖（Mihaly Csikszentmihalyi）在《心流》一书中正本清源，以原创者身份回答了心流是什么，心流有什么意义，如何获得心流等问题。此书也是幸福人生必读之书，当下的快乐是什么？幸福的真相是什么？人生的意义是什么？

《自主教养：焦虑时代的父母之道》

简评：作者赵昱鲲博士也是本书第十章作者。如果你经常被各种育儿焦虑所折磨，这本书正是你需要的。作为积极心理学之父塞利格曼的亲传弟子，赵昱鲲老师在本书中介绍了很多心理学研究，并将这些研究和育儿实际相结合，提供了简单有效的解决方法。你眼里的育儿难题，在他看来却是培养孩子能力的好机会。自主教养能帮助你激发孩子的学习兴趣，让孩子喜欢学习、充满创造力。

阳志平，爱贝睿联合创始人兼董事长

2020年1月于北京海淀

爱贝睿

爱贝睿（微信公众号：爱贝睿）是由知名科学家联合创立的儿童教育机构。爱贝睿专注于为0～6岁家庭提供科学循证导向的儿童早期教育产品与服务，包括早教计划、早教盒子与早教课程。目前是儿童教育领域的头部品牌，10万+付费用户，辐射百万家庭。

早教计划：未来脑计划

爱贝睿原创出品的早教计划——未来脑计划。它是由爱贝睿组织来自全球名校的数十位专家，在大量前沿脑与认知科学研究基础上，结合儿童大脑发育规律，研发而成的一套包括评估+训练的分龄智能早教体系。

早教盒子：大脑盒子

爱贝睿基于脑与认知科学，开发了创新的儿童早教玩具——大脑盒子，目前上线有“认知启蒙盒子”，包括《动物庄园》《今天吃什么》《分类小勇士》等；“语言启蒙盒子”，包括《吃汉字的小刺猬》《说英语的小狐狸》等；“情绪启蒙盒子”，包括《情绪星球》《情绪大营救》《和生气做朋友》等。

早教课程：六大学院，名师助阵

爱贝睿签约近百位来自哈佛、耶鲁、约克、杜克、剑桥、牛津、清华、北大等世界名校的儿童脑科学、发展心理学与学前教育专家，组建为爱贝睿家长教练团。其中多数教练拥有博士学位。总计研发**1200+**课时，助力宝宝成长。